Arminius vs. Varus

Inhalt

1
»Beim Jupiter! Die Germanen greifen an!«

Die ganze Nacht hindurch hat es ununterbrochen geregnet. Und auch am nächsten Tag, dem 9. September 9 n. Chr., ist das Wetter miserabel. Der Himmel öffnet seine Schleusen und schüttet einen Regenguss nach dem anderen auf die Soldaten herab, die vollkommen durchnässt auf schmalem Pfad, einer hinter dem anderen, in lang auseinandergezogenen, ungeordneten Kolonnen durch das sumpfige, fast undurchdringliche germanische Waldgebiet zwischen Weser und Ems marschieren. Die Soldaten haben es nach dem germanischen Volksstamm der Teutonen *Teutoburgensis saltus* getauft. Die Stiefel versinken im Morast, und immer wieder gleiten die Männer auf dem schlüpfrigen Untergrund aus. Marcus Caelius aus Bologna, der 53-jährige, erfahrene, hochdekorierte und rangälteste Zenturio der 18. kaiserlichen römischen Legion, hört ihre Flüche hinter sich. Sie sind noch lauter als das Heulen und Sausen des heftigen Sturms. Seit ein paar Stunden wirbelt er durch die Bäume, knickt sie um, entwurzelt sie und peitscht den Regen in die verzerrten Gesichter. Herabstürzende Baumkronen schmettern die Legionäre nieder. Äste und Baumstämme versperren den Weg und müssen beiseite geräumt werden, damit es weitergehen kann.

Marcus Caelius ist besorgt. Aber dieses scheußliche Wetter ist nicht der Grund dafür. Seit er mit seiner Zenturie in Germanien weilt, hat er schon einige dieser Wolkenbrüche erlebt. Auch daran, dass die meisten Zenturien der Legion nur aus knapp 80 Legionären bestehen, und nicht – wie ursprünglich vorgesehen und dem Namen entsprechend – aus 100, hat er sich längst gewöhnt. Das war schon in den frühen Zeiten der römischen Republik so, und allen Hauptmännern des römischen Heeres geht es in diesem Herbst des Jahres 9 n. Chr. genauso. Sie haben weniger Soldaten unter ihrem Kommando als auf dem Papier steht. Auch die Tatsache, dass er und seine Kameraden durch das fremde, unwegsame und weitgehend unbekannte Germanien marschieren müssen, weit entfernt von der Heimat und ohne Aussicht, sie bald wiedersehen zu können, ist nicht der Grund für seine Besorgnis. Das war schon in Gallien so, als Julius Caesar es eroberte, und erst vor wenigen Jahren kämpften römische Legionäre auch in Dalmatien und Pannonien gegen aufständische illyrische Stämme. Nein, das ist es nicht, was Marcus Caelius beunruhigt. Für einen römischen Soldaten ist es normal, in fernen Provinzen herumzumarschieren, sie – wie Caesar es ausgedrückt hatte – zu »befrieden«, Straßen und Brücken zu bauen, Lager anzulegen, die römische Kultur zu verbreiten und immer wieder zu kämpfen.

Marcus Caelius wittert Unheil, eine konkrete Gefahr. Nach langen Jahren Dienst in der Armee und vielen Gefechten hat er eine Nase dafür bekommen. Wie alle Zenturionen ist er aus dem Mannschaftsdienstgrad aufgestiegen, nur die Stabsoffiziere müssen aus dem Ritter- oder Senatorenstand stammen. Seine Kameraden hatten ihn wegen seiner Umsicht, Härte und Tapferkeit vorgeschlagen, der Legionskommandeur, der Tribun, hatte ihn daraufhin ernannt, und Kaiser Augustus persönlich hatte die Beförderung bestätigt. Er wurde ein guter Zenturio und sorgte mit seinem Pflichtgefühl und Gerechtigkeitssinn für Disziplin in seiner Zenturie. Sie gilt als beste der ganzen 18. Legion, die schon um das Jahr 40 v. Chr. herum von Octavian, dem späteren Augustus, aufgestellt worden war. Die Soldaten rekrutieren sich überwiegend aus Hirten und Bauern aus Latium und Samnium. Sie sind dunkel und vierschrötig und haben breite Schultern und starke Muskeln. Ihr hervorstechendstes Merkmal aber ist, wie Caesar gesagt hat, die *brevitas*, die kleine, untersetzte Statur, die fast alle Völker des Südens besitzen. Auch Marcus Caelius hat sie und nahezu alle Soldaten der 18. Legion.

Bei seinen Männern ist Marcus Caelius sehr beliebt. Als Vorgesetzter ist er für ihre Ausbildung und Ausrüstung verantwortlich. Sein Sold ist etwa viermal so hoch wie der seiner Männer, und er muss auch nicht das Zelt mit ihnen teilen. Er ist befugt, sie auszuzeichnen oder zu bestrafen. Von der *vitis*, dem langen Stock, Erkennungszeichen eines römischen Zenturios und dazu da, die Soldaten zu züchtigen und mit Schlägen zu Ordnung und Disziplin anzuhalten, macht Marcus Caelius allerdings nur selten Gebrauch. Seine Soldaten achten ihn nicht nur wegen seiner vielen *phalerae*, den runden goldenen oder silbernen, mit Gravuren und Verzierungen versehenen Platten, die er als Tapferkeitsauszeichnungen an einem Riemengeflecht auf seinem Brustpanzer neben dem Rangabzeichen trägt. Die Soldaten mögen ihn auch, weil er sich ihrer Probleme und Sorgen annimmt, sie häufig ins Vertrauen zieht und sich mit ihnen berät.

Bei der erstbesten Gelegenheit will er das auch jetzt tun. Sobald es das widrige Gelände zulässt, will er alle seine Männer um sich scharen und ihnen mitteilen, warum er so besorgt ist. Seine Zenturie gehört neben fünf weiteren zur 1. Kohorte, der Eliteeinheit der 18. Legion. Nachdem die Legion nach einer längeren Besatzungszeit in Aquitanien im Jahr 15 v. Chr. an die Rheinfront nach Germanien verlegt worden war, sind seit 9 n. Chr. alle ihre zehn Kohorten in dem großen militärischen Basislager Castra Vetera am Rhein stationiert, nahe dem heutigen Xanten. Auch die Nachbarlegionen, die 17. und 19., haben dort ihre Basis. Diese drei Legionen, insgesamt rund 20.000 Mann einschließlich des Trosses, sind Anfang September bei Minden an der Weser aufgebrochen, um sich in das Winterquartier bei Aliso (Haltern) an der oberen Lippe zu begeben. Den Oberbefehl hat Publius Quinctilius Varus, seit dem Jahre 7 n. Chr. Statthalter in ganz Germanien.

Die 1. Kohorte der 18. Legion marschiert am Ende des 20 Kilometer langen Heerwurmes, den die drei Legionen samt ihrem Tross und einigen germanischen Hilfstruppen bilden. Dazu kommen noch knapp 400 Reiter, die hauptsächlich zur Aufklärung und Nachrichtenübermittlung dienen, Aufgaben, die sie in dem unzugänglichen Dickicht jedoch kaum wahrnehmen können. Außer dem Offiziersstab, Ärzten, Verwaltungsfachkräften und zahlreichen Arbeitsburschen, die die Pferde pflegen und versorgen sowie Zelte und anderes schweres Gepäck auf die hölzernen Wagen und Karren laden müssen, gehört zu jeder Legion auch noch eine technische Truppe. Sie besteht größtenteils aus Freiwilligen. Diese Pioniere hat Marcus Caelius schon immer hoch geachtet. Denn sie sind es, die mit ihrem vielseitigen handwerklichen Können Straßen und Lager anlegen und Brücken – oder wenigstens provisorische Stege – über die Wasserläufe bauen, wenn keine geeignete Furt ausfindig gemacht werden kann. Diese *fabri* haben das unwegsame Gelände Nordwestgermaniens für die Legionen überhaupt erst einigermaßen passierbar gemacht. Doch in dieser felsigen, engen Waldschlucht, in der sich Marcus Caelius mit seinen Männern seit ein paar Stunden mühsam fortbewegen muss, stets neuen Gefahren und Hindernissen ausgesetzt, sind selbst die *fabri* mit ihrer Kunst am Ende.

Eigentlich hätte die Aussicht, in wenigen Tagen im stark befestigten Winterquartier zu sein und dort von den Strapazen der beschwerlichen militärischen Unternehmungen ausruhen zu können, bei den Soldaten Freude auslösen müssen. Aber kurz vor dem Aufbruch werden Varus Nachrichten überbracht, die von einem angeblichen Aufstand eines germanischen Stammes, vermutlich der Marser, in den tiefen Wäldern zwischen Weser und Ems sprechen. Ohne genauere Nachforschungen anzustellen, beschließt Varus sofort, einen Umweg zu machen, von der großen, befestigten, nach Westen führenden Heerstraße abzubiegen und sich in das sumpfige Waldgebiet zu wagen, um den Aufstand – sozusagen im Vorbeigehen – niederzuschlagen.

Als sich diese Kunde unter den Soldaten der drei Legionen verbreitet, ist die Freude auf den baldigen Winterurlaub etwas gedämpft. Aber die Tribune, die Kommandeure der Legionen und Kohorten, verbreiten Optimismus. Mit dieser kleinen regionalen Erhebung werde man schnell fertig werden, sagen sie. Es können nicht viele sein, die es unverständlicherweise und geradezu selbstmörderisch wagen, die mächtigen römischen Truppen herauszufordern und ihnen die Stirn zu bieten, beruhigen sie die Männer. Das sei sicherlich nur ein unbedeutender germanischer Volksstamm mit wenig Kampfkraft, militärischer Disziplin und Erfahrung, sozusagen eine Lappalie.

Marcus Caelius glaubt das anfangs auch. Doch während er mit seinen Männern am Ende des endlosen Heerwurms durch die widerlichen, aus den Sümpfen aufsteigenden Dämpfe marschiert, durch eine kilometerlange Senke hindurch und über Gebirgsschluchten und enge Täler hinweg, werden seine Bedenken immer größer. Die Sicht ist gleich null. Und die einzelnen Marschkolonnen kommen kaum voran, insbesondere die Begleittiere und die vielen Wagen nicht, die Proviant und Verwundete befördern und in denen auch Frauen, hauptsächlich Marketenderinnen und Dirnen, sowie einige Kinder sitzen. Immer wieder müssen die weit auseinander gezogenen Kolonnen anhalten und warten, bis Hindernisse beseitigt sind und der Weg notdürftig frei gemacht ist.

Schon wieder stockt es vorne. Die rund 500 Männer der 1. Kohorte müssen stehen bleiben, wo sie gerade sind. Aber diesmal ist das Marcus Caelius gar nicht so unlieb. Dort, auf dieser kleinen, von Bäumen und Buschwerk dicht umschlossenen Lichtung kann er ein paar Soldaten seiner Zenturie um sich scharen und sich mit ihnen beraten. Die Männer sind erschöpft. Die Bewaffnung ist schon schwer genug. Dazu kommt noch das Marschgepäck: eine Säge, ein Spaten, ein Beil, zwei oder drei Schanzpfähle, ein Topf, ein Korb und ein Getreidevorrat für sechs Tage. Alles in allem muss jeder Legionär knapp einen Zentner auf seinem Rücken tragen! Ein hohes Marschtempo ist damit kaum möglich, und schon gar nicht bei derart widrigem Wetter und in schwierigstem Gelände. Marcus Caelius sieht besorgt in die schweißnassen Gesichter seiner Männer. Wäre es nach ihm gegangen, hätten sie diesen extremen Marsch nicht fortgesetzt, sondern wären umgekehrt, zurück auf die befestigte Heerstraße nach Aliso. Die Sache mit dem Aufstand kommt ihm merkwürdig vor. Germanien gilt doch als »befriedet«, Unruhen hat es schon seit einiger Zeit nicht mehr gegeben. Statt durch eine sorgsame Aufklärung herauszufinden, was es mit dieser angeblichen Erhebung eines germanischen Stammes auf sich hat, marschieren drei Legionen völlig ungeordnet immer tiefer in diesen unheimlichen Wald. Seine Nase sagt ihm, dass etwas nicht stimmt. Außerdem ist ihm aufgefallen, dass die Reitereinheit der germanischen Hilfstruppen, die zusammen mit einigen leicht bewaffneten Fußsoldaten der Cherusker das Schlusslicht der Nachhut bildete, seit kurzem nicht mehr hinter ihnen ist. Das ist doch merkwürdig! Wo sind sie geblieben?

Da auch ihn der stundenlange beschwerliche Marsch angestrengt hat, kniet er sich schwer atmend ins nasse Gras, das nach Moos riecht und frischem Laubwerk. Der Sturm hat es zusammen mit dünneren, abgebrochenen Baumzweigen hierher geweht. Die Blätter beginnen schon, sich gelb zu färben. Seine beiden Burschen Privatus und Thiaminus, die sich um sein Gepäck im Trosswagen kümmern, lassen sich neben ihm nieder. Der prasselnde Regen hat seit ein paar Minuten aufgehört. Marcus Caelius legt seinen rechteckigen, über einen Meter hohen hölzernen Schild auf den Boden. Das graue Fell, mit dem er überzogen ist, ist völlig durchgeweicht. Er nimmt seinen wollenen Mantel ab, der auf der rechten Schulter durch eine Spange geschlossen wird und ihn gegen den Regen wenigstens ein bisschen schützt, reibt mit einem Tuch den eisernen Buckel in der Mitte des Schildes trocken und setzt sich darauf. Schwer atmend zieht er die vier Riemen seiner hohen, geschlossenen Lederstiefel fest, dann lockert er, um sich etwas Erleichterung zu verschaffen, seine Beinschienen. Als Zenturio darf er diesen bis zu den Knien reichenden Schutz anlegen und zum Zeichen seines Ranges auch den Helmbusch aus roten und schwarzen Federn quer tragen. Marcus Caelius löst den Kinnriemen, nimmt den Metallhelm ab, rückt das an seiner linken Seite baumelnde Schwert etwas zurecht, damit er besser sitzen kann, und wischt sich mit dem Tuch den Schweiß aus dem Gesicht. Das gekräuselte Haar an seinen Schläfen ist schon grau.

»Das gefällt mir nicht!«, murmelt er vor sich hin. »Das gefällt mir ganz und gar nicht! Ich habe das Gefühl, dass ich aus dieser Wildnis nie mehr herauskommen werde. Mein ganzes Leben hindurch haben Glück und Unglück aneinander geklappert wie Würfel in einem Becher. Und jetzt höre ich das Unglück ganz laut klappern!« Einer seiner Unterführer lacht laut auf. »Wen die Götter lieben, Marcus Caelius, den lassen sie jung sterben. Und du bist alt!« Der Zenturio schüttelt den Kopf. »Hier sind wir vollkommen eingeengt«, sagt er mit nun kräftiger, lauter Stimme, damit ihn auch alle in seiner Nähe hören können. »Wir kennen dieses Gebiet überhaupt nicht. Wir marschieren auf schmalen Wegen ungeordnet Mann hinter Mann mit ungedeckten Flanken. Unsere Rüstungen und Schilde sind vom Regen nass und schwer geworden, im Nebeldunst können wir kaum etwas sehen, und im Falle eines feindlichen Angriffs ist unsere Beweglichkeit stark eingeschränkt. Müssen wir nicht mit einem solchen Angriff der Aufständischen rechnen? Wir wissen nicht das Geringste über sie, insbesondere nicht, wo sie sich momentan befinden.« Der Unterführer nickt mit dem Kopf. Auch er hat seinen Helm abgenommen. »Das stimmt«, brummt er, »vorausgesetzt es gibt ihn überhaupt, diesen aufständischen Stamm.« Marcus Caelius schaut ihn nachdenklich an. »Aber wenn es ihn gibt und wir in dieser Schlucht angegriffen werden, können wir unsere bewährte Kampftechnik in diesem tiefen Dickicht überhaupt nicht entfalten. Wir können kein geschlossenes Viereck bilden und keine Gefechtslinien. Das ist fatal!«

Er kneift die Augen zusammen und starrt auf Büsche und Sträucher und in die hohen Bäume, die ihn ringsum wie undurchdringliche, schwarzgrün schimmernde Wände umgeben. »Gebt Obacht, Männer! Bleibt dicht beieinander! Und gebt euch, so gut es eben geht, gegenseitig Deckung! Wo ist unser Kohortenführer? Ich möchte ihn warnen. Die germanischen Hilfstruppen hinter uns sind plötzlich von der Bildfläche verschwunden. Das ist doch sehr seltsam! Wir sollten schleunigst an einer geeigneten Stelle ein Lager errichten, das uns mehr Schutz bietet, mit Gräben und Wällen drum herum! Und morgen früh sollten wir sofort umkehren! Das ist das Beste, was Quinctilius Varus in dieser Lage tun kann!« Marcus Caelius erhebt sich mit einem Ruck und verschwindet hinter dicken Stämmen. Seine Männer wird er nicht mehr wiedersehen.

Als hätte der Zenturio das Stichwort gegeben, tauchen plötzlich wie aus dem Nichts und von allen Seiten riesige germanische Krieger auf, stürzen mit Geschrei und Gebrüll aus dem dichten Buschwerk und Unterholz hervor, stürmen von den Hängen hinunter, springen aus Baumkronen herab und umringen blitzschnell nicht nur die Zenturie des Caelius, sondern die ganze 1. Kohorte. An die 1000 wilde, schrecklich anzusehende, nur mit Tierfellen bedeckte Germanen umzingeln 500 völlig überraschte Römer und werfen aus der Entfernung ihre Speere und andere Wurfgeschosse auf sie. Marcus Caelius hört noch aus der Ferne, wie sein Unterführer schreit: »Beim Jupiter! Die Germanen greifen an!«

Zahlreiche Legionäre werden getroffen und sinken verwundet oder getötet zu Boden. Das Kriegsgeschrei schwillt an, als die Germanen, ihrer momentanen Überzahl gewiss, näher an die überrumpelten römischen Soldaten heranrücken. Mit ihren kurzen Speeren und schweren Holzkeulen stechen und hauen sie alles nieder. Die Legionäre versuchen vergeblich, in der Enge des Waldes eine Gefechtslinie zu bilden. Die meisten sind vor Entsetzen starr und kommen nicht einmal dazu, ihr Schwert zu ziehen und sich zu wehren. Wer es tatsächlich schafft, hat nicht genügend Raum für einen wirkungsvollen Einsatz. Und die Kameraden der anderen Kohorten sind zu weit entfernt, um den Eingeschlossenen zu Hilfe kommen zu können.

In wenigen Minuten ist der erste Akt des Dramas vorüber, das später weltgeschichtliche Bedeutung erlangen wird. Während die Germanen keine Verluste haben, überlebt aus der 1. römischen Kohorte niemand, auch Marcus Caelius nicht. Das Letzte, was er hört, ist das Surren des tödlichen Speeres, der sich in seinen Unterleib bohrt und ihn niederstreckt. Dann steht ein großer, rothaariger Germane über ihm; der Zenturio sieht sein hasserfülltes Gesicht. Die Keule spaltet seinen Schädel mit einem Schlag.

Die Gebeine des Marcus Caelius werden nie geborgen. Wir wissen von ihm nur, weil sein Bruder Publius Caelius ein Kenotaph für ihn hat errichten lassen, ein leeres Grab für den fern der Heimat Verstorbenen mit einigen Inschriften im Relief und sogar einer plastischen Abbildung. Dort sollte des toten Zenturios gedacht werden. Der Inschriftstein stand wahrscheinlich zunächst auf dem Fürstenberg gegenüber der Lippemündung in der Nähe der heutigen Stadt Xanten, wo sich früher das große römische Militärlager Castra Vetera befand. Jedenfalls ist der sogenannte Caeliusstein dort auf dem Ehrenfriedhof gefunden worden. Er zeigt den Zenturio Marcus Caelius in sitzender Stellung in seiner vollen Uniform und mit all seinen militärischen Auszeichnungen. Der rechte Unterarm ist stark angewinkelt, die Hand hält den Zenturio-Stock, und auf dem Kopf trägt der Geehrte eine *Corona Civica*. Diese aus einem Kranz aus Eichenblättern bestehende »Bürgerkrone« war eine der höchsten militärischen Auszeichnungen in der römischen Republik und wurde demjenigen verliehen, der als *civis*, als römischer Bürger, einem Mitbürger in der Schlacht das Leben gerettet und den Feind getötet hatte. Ihr Träger besaß besondere Privilegien. Bei öffentlichen Spielen durfte er neben dem Senat sitzen, und bei seinem Eintritt mussten sich alle von den Plätzen erheben.

Auf dem Caeliusstein steht in durch einzelne Efeublätter abgeteilten Worten in lateinischen Buchstaben: *Dem Marcus Caelius, dem Sohn des Titus, aus dem Stimmbezirk Lemonia, aus Bologna, dem Hauptmann der 1. Kohorte der 18. Legion, 53 Jahre alt. Er ist gefallen im Krieg des Varus. (Seine) Gebeine dürfen hier bestattet werden. Publius Caelius, der Sohn des Titus, aus dem Stimmbezirk Lemonia, sein Bruder, hat (diesen Stein) gemacht.* Links und rechts von dem Reliefbild des Zenturio sind noch zwei weitere Köpfe abgebildet. Eine weitere Inschrift klärt darüber auf, dass es sich um seine freigelassenen Sklaven Marcus Caelius Privatus und Marcus Caelius Thiaminus handelt, seine beiden Burschen, die sehr wahrscheinlich mit ihm zusammen in der Schlacht umgekommen sind.

Dieser Grabstein, der heute im Rheinischen Landesmuseum Bonn besichtigt werden kann, ist bislang die einzige archäologisch-epigrafische Quelle dafür, dass die sogenannte »Schlacht im Teutoburger Wald« überhaupt stattgefunden hat. Wo genau, ist noch immer heiß umstritten. Darüber werden wir noch ausführlicher zu reden haben. Und über vieles andere ebenfalls, zum Beispiel auch über die Ursachen und Gründe für das entsetzliche Gemetzel in dem germanischen Walddickicht. Und Sie wollen wahrscheinlich auch wissen, warum denn und in welcher Weise die »Römer frech geworden« sind, wie der früher sehr populäre Liedtext von Joseph Viktor von Scheffel (1826–1886) verkündet. Der Mann ist im Zeitalter des Wilhelminismus, als das deutsche Nationalgefühl in vollster Blüte stand und die nationale Begeisterung keine

Der sogenannte Caeliusstein zeigt den in der Varusschlacht gefallenen Zenturio Marcus Caelius flankiert von zwei freigelassenen Sklaven. Er wurde in der Nähe von Xanten gefunden.

Grenzen kannte, mit seinem Versroman »Der Trompeter von Säckingen« und vor allem als Studentenliederdichter bekannt geworden. Ich nehme an, Sie kennen das Lied auch:

Als die Römer frech geworden, sim serim sim sim sim sim, zogen sie nach Deutschlands Norden, sim serim sim sim sim sim. Vorne mit Trompetenschall, te rä tä tä tä te rä, ritt der Generalfeldmarschall, te rä tä tä tä te rä, Herr Quin(c)tilius Varus, wau, wau, wau, wau, wau, Herr Quin(c)tilius Varus, schnäde räng täng, schnäde räng täng, de räng täng täng … Weh, das ward ein großes Morden …, und so weiter. Sie wissen schon.

2
Antike Geschichtsschreibung – ein Problem

Bitte runzeln Sie jetzt nicht die Stirn! Wir sind ja erst beim zweiten Kapitel, und ich verspreche Ihnen, dieses ehemals sehr populäre Lied, das sich über den blutigen Untergang der römischen Soldaten im Teutoburger Wald lustig macht und sie verhöhnt und verspottet, nicht mehr zu erwähnen. Aber vielleicht legen Sie Ihre Stirn auch deshalb in Falten, weil Sie sich nach den ersten gelesenen Seiten erstaunt fragen: »Ach so, so war das? Das also war die berühmte Schlacht im Teutoburger Wald?« Ich kann Sie beruhigen, das war sie nicht. Das war erst ihr Beginn, denn andernfalls wären wir schon am Ende des Buches angelangt. Und das wäre doch recht ärgerlich.

Habe ich Sie nun neugierig gemacht, und wollen Sie ein wenig mehr wissen über dieses dramatische Geschehen, das die weitere Zukunft Germaniens und auch Roms weitgehend beeinflusst hat? Das Ende der dreitägigen – nach einigen Historikern sogar viertägigen – Entscheidungsschlacht hat die neuere Forschung mehrheitlich auf den 11. September 9 n. Chr. festgelegt. Der 11. September, ein düsteres Datum, das auch rund 2000 Jahre später böse Erinnerungen weckt – Erinnerungen an den 11. September 2001, als das New Yorker World Trade Center Opfer eines brutalen Terroranschlags wurde und über 3000 Menschen starben. Eine merkwürdige Übereinstimmung des Datums. Auch die Katastrophe dieses Tages, eine neue Dimension von hinterhältiger Gewalt, veränderte die Welt. Seitdem führen die USA einen unerbittlichen Krieg gegen den internationalen Terrorismus.

Doch auch das, was vor 2000 Jahren geschah, lässt uns nicht los, insbesondere uns Deutsche nicht, für die die Schlacht im Teutoburger Wald zur bedeutendsten Schlacht ihrer Geschichte geworden ist. Möglicherweise erwarten Sie nun von mir, dass ich Ihnen – wie das zumeist bei Schilderungen von Schlachten üblich ist – Augenzeugenberichte präsentiere oder auch eine Darstellung und Wertung der Ereignisse im Jahre 9 n. Chr. aus germanischer Sicht und unter Verwertung germanischer Quellen. Da muss ich Sie leider enttäuschen: Es gibt keine. Und auch die wesentlichen römischen zeitgenössischen Berichte über die frühen Kämpfe zwischen beiden Völkern kann ich Ihnen nicht bieten – sie sind sämtlich verloren gegangen. Alles, was wir über die Germanen dieser Zeit wissen, wissen wir nur aus zweiter oder gar dritter Hand, und dazu noch zumeist gekürzt und oft auch entstellt. Erst einige Zeit nach der Varusschlacht haben antike Geschichtsschreiber, Römer und Griechen, die römische Geschichte aufgeschrieben.

Na also, werden Sie sagen, das ist doch auch etwas! Dann müssen wir doch, wenngleich mit Verspätung, auch über die Germanen gut Bescheid wissen, denn sie kommen in der römischen Geschichte ja nicht eben selten vor. Ich muss Sie, lieber Leser, erneut enttäuschen. Denn diese Schreiber waren keine Geschichtswissenschaftler im heutigen Sinne, sondern sie sahen sich in erster Linie als Schriftsteller, denen vor allem Rhetorik und Stil sowie eine gute »Komposition« am Herzen lagen. Außerdem haben sie aus dem germanischen Geschehen nur das berichtet, was in den römischen Raum hineinragte. Nur das fand als Teil römischer Geschichte ihre Beachtung. Deshalb kennen wir nur Einzelbilder aus dem Gesamtgeschehen des Germanenvolkes, und sie sind immer eingebunden in das Schicksal eines fremden Staates. Alles, was römische Interessen nicht oder nur leicht berührte, wurde wenig oder gar nicht erwähnt. Und selbst Tatsachen betrachteten diese Schreiber durch die römische Brille. Die ganze weitläufige Welt des Germanentums blieb ihnen im Grunde völlig fremd. Kein Wunder also, dass unser Bild über die Berührung der Germanen mit den Römern sehr ungleichmäßig und vor allem lückenhaft ist.

Was heißt überhaupt Germanentum und Germanenvolk? Im Grunde hat es ein Volk der Germanen überhaupt nicht gegeben, sondern nur ein buntes Durcheinander verschiedenartiger Stämme, die weder eine gemeinsame Kultur noch eine gemeinsame Sprache hatten und erst recht kein Zusammengehörigkeitsgefühl. Das Wort »Germanen« ist lediglich eine Sammelbezeichnung. Das meinen jedenfalls unsere heutigen Geschichtswissenschaftler. Das Germanenbild, das viele Menschen auch heute noch haben, ist – zurückgehend auf die Schriften der antiken Autoren – eine Erfindung des 19. Jahrhunderts. Legendenbildung, Sage und Dichtung, frei nach dem Motto »Es lagen die alten Germanen, zu beiden

Seiten des Rheins ...«: Die Recken kommen abends nach der Jagd fröhlich zusammen, immer schön Sippe für Sippe, bringen ihr Bier und ihren Met mit, ergreifen ihre Trinkhörner und »saufen«. Hehres »geschichtliches« Volkswissen! Und noch ein weiter Weg bis hin zu Asterix und Obelix. Der Name »Germanen« wird zum ersten Mal von Poseidonius aus Apameia erwähnt, der von 135 bis 51 v. Chr. lebte. Auch Caesar spricht von »Germanen«, meint damit aber nur einen kleinen Teilstamm. Erst nach und nach wird der Name für alle »Barbaren« jenseits des Rheins benutzt.

Für die Zeit, die uns in diesem Buch beschäftigt und die ich Ihnen nahezubringen versuche, muss ich von den erwähnten Geschichtsschreibern insbesondere drei hervorheben, auf die ich zurückgegriffen habe. Velleius Paterculus ist derjenige von ihnen, der dem Geschehen in Germanien zeitlich am nächsten kommt, wenn auch der am wenigsten bekannte von ihnen. Er lebte von 19 v. Chr. bis etwa 30 n. Chr. und nahm als Reiterführer an den Zügen des Tiberius in Germanien und Pannonien teil. Augenzeuge der Varusschlacht war er nicht. Aber auf seine zumeist, wie er selbst betont, eilig aufgeschriebenen Angaben einzelner Geschehnisse und Tatsachen kann man sich weitgehend verlassen, wenngleich er in seinem Werk »Kompendium der römischen Geschichte« keine wirklichen historischen Erkenntnisse vermittelt. Zudem sind große Teile seines Werkes verloren gegangen.

Die beste Quelle für die Ereignisse in Germanien zur Zeit des Augustus (63 v. Chr.–14 n. Chr.) ist der Grieche Cassius Dio aus Nicaea. Seine »Römische Geschichte« in 80 Büchern machte ihn berühmt; sie ist die Frucht einer 22-jährigen Arbeit. Von den meisten Büchern sind allerdings nur Fragmente erhalten. Cassius Dio war nicht nur Schriftsteller, sondern auch Senator. Den größten Teil seines Lebens verbrachte er im öffentlichen Dienst Roms. Deshalb können wir ihn, obwohl er Grieche war und auch auf Griechisch schrieb, getrost als Römer betrachten. Obwohl seine Berichte fast ausnahmslos aus der Sicht eines Senators geschrieben sind, müssen wir ihnen als Quellen einen hohen Stellenwert einräumen. Gerade für die römische Kaiserzeit finden wir bei ihm Informationen, die sonst nirgendwo wiedergegeben sind. Aber da Cassius Dio erst 155 n. Chr. geboren wurde, also lange Zeit nach dem Gemetzel im Teutoburger Wald, konnte auch er darüber nur aus der Rückschau und sozusagen aus dritter Hand berichten.

Zeitlich etwas näher liegt der im Jahre 55 n. Chr. geborene Publius Cornelius Tacitus, über dessen Leben uns allerdings wenig bekannt ist.

Er war Rechtsanwalt in Rom und machte hier Karriere als Senator und Prätor. Mit einer intensiven schriftstellerischen Tätigkeit begann er erst, als er im Jahre 96 von dem nur zwei Jahre regierenden Kaiser Nerva zum Prokonsul der Provinz Asia (auf dem Gebiet der heutigen Türkei) ernannt wurde. Wann er gestorben ist, konnte bis heute nicht exakt festgelegt werden. Wir wissen nur, dass es kurz nach dem Regierungsantritt des Kaisers Hadrian im Jahr 117 gewesen ist.

Tacitus war einer der bedeutendsten Redner seiner Zeit. Und seine großen Geschichtswerke, vorwiegend aus der Sicht des Senators geschrieben, zeichnen sich durch scharfe und sprachlich brillante Analysen aus. Auf Befehl des Kaisers mussten sie in allen Bibliotheken Roms aufgestellt und jährlich zehnmal abgeschrieben werden, damit sie nicht verloren gingen. Über die Jahrtausende geschah dies leider zu einem großen Teil dennoch. Sein Hauptwerk, die »Annalen« über die Geschichte Roms vom Tode des Augustus 14 n. Chr. bis zum Selbstmord Neros im Jahre 68, ist glücklicherweise wenigstens zum Teil erhalten geblieben. Die »Annalen« wurden 1507 wiederentdeckt, als man im Kloster Corvey Teile einer alten Abschrift fand. Im Jahr 98 verfasste Tacitus sein Werk »Germania«, in der er über Herkunft, Lebensraum und Lebensweise einzelner Germanenstämme berichtet. Diese Schrift wurde getrennt veröffentlicht, da die Römer an diesem Stoff beträchtliches Interesse zeigten. Denn neben dem Partherreich war Germanien das Land, mit dem es ständig den meisten Ärger, in dem es Grenzunruhen und nicht selten heftige Kämpfe gab. Auch die »Germania« war über Jahrhunderte verschollen und wurde erst 1455 im Kloster Hersfeld wiedergefunden.

Besonders dieses Werk bringt uns die Zeit näher, mit der wir uns hier beschäftigen wollen. Tacitus beschreibt ein Volk, mit dem er recht vertraut ist. Wahrscheinlich hat er es aus eigener Anschauung gekannt. Ob er wirklich für einige Zeit dort gewesen ist, wissen wir nicht genau. Er spricht sich für eine aktive Friedenspolitik gegenüber den Germanen aus und legt seine Schrift Kaiser Trajan vor, der im gleichen Jahre 98 in Rom die Regierung übernimmt und nach Verstärkungen der Festungen an der germanischen Grenze alsbald zum Inbegriff aktiver Friedenspolitik wird. Geschickt packt Tacitus alles in seine Schrift hinein, was er aus der Literatur und vor allem aus Gesprächen mit römischen Kolonialbeamten und -offizieren aus den Provinzen an Rhein und Donau über die Germanen erfahren hat. Seine Schrift »Germania« sorgt für einige Aufregung in Rom, weil er darin die Germanen überwiegend positiv charakterisiert. Diese germanenfreundliche Darstellung nahmen die deutschen Humanisten begeistert auf und sahen darin den deutschen Nationalcharakter verkörpert. Vor allem die Ereignisse des Jahres 9 n. Chr. wurden später für nationalistische Ziele instrumentalisiert. Darauf werde ich am Ende dieses Buches noch ausführlicher zurückkommen.

Seit einigen Jahrzehnten wird insbesondere die »Germania« des Tacitus einer intensiven Quellenkritik unterzogen. Sie hat dazu geführt, dass heute die Zuverlässigkeit fast aller seiner Mitteilungen in dieser Schrift angezweifelt wird. Doch für den Zeitraum, der uns hier interessiert, ist die »Germania« nach wie vor eine der Hauptquellen. Trotz gelegentlicher Ungenauigkeiten ist sie ein köstliches Kleinod. Und insbesondere wir Deutschen dürfen uns glücklich schätzen, dass es uns in weiten Teilen erhalten blieb. Kein anderes Volk unseres Planeten kann über seine Vergangenheit einen gleichwertigen Text sein Eigen nennen.

Ich hoffe, Sie sind nun gespannt auf die »alten Germanen«, auf die Cherusker, die Chatten (Hessen) und Chauken, die Tenkterer und Brukterer und andere Stämme. Sie alle waren an der Schlacht im Teutoburger Wald beteiligt. Wie es dazu kam, obwohl doch die germanischen Stämme des heutigen Nordwestdeutschlands zuvor untereinander fast ständig uneins waren und sich befehdeten und bekämpften, werden Sie noch erfahren. Zunächst einmal wollen wir uns Tacitus anschließen und ihm auf seinen Exkursionen ins geheimnisvolle Germanien in der Zeit um 9 n. Chr. folgen.

3
»Wild blickende blaue Augen, rötliches Haar, hohe und nur zum Angriff kräftige Gestalten ...«

Wer von uns, fragt Tacitus am Anfang seiner »Germania«, möchte schon, »ganz abgesehen von den Gefahren dieses grauenhaften und unbekannten Meeres, nach Germanien ziehen, einem wenig anmutigen Land, von rauem Klima, und zur Bewohnung wie für das Auge trübselig für jeden, dem es nicht Vaterland ist?« Das Land sei zwar »von nicht geringer Verschiedenheit«, überwiegend finde man dort aber nur finstere Waldungen oder scheußliche Sümpfe. Was nicht ganz zutrifft. Zwischen den Wäldern muss ein weites Siedlungsland gelegen haben, denn anders wären die hohen Kopfzahlen, die schon damals für die germanischen Heere und Völker angegeben wurden, nicht zu erklären. Immerhin muss Tacitus einräumen, das Land sei »für Kornsaaten ertragreich und auch an Vieh reich«. Ackerland gäbe es reichlich, die Saatfelder wechsele man jährlich. »Bei des Bodens Fruchtbarkeit und weiter Ausdehnung strengen sie sich nicht an, Fleiß anzuwenden, um Obstpflanzungen anzulegen, Wiesen abzusondern und Gärten zu bewässern: Nichts als die Saat wird der Erde anbefohlen.« Viehzucht betrieben die Germanen auch, aber sogar das Vieh sei, worauf Tacitus besonders hinweist, meistens unansehnlich. Nicht einmal das Rindvieh habe sein sonst gewöhnliches Aussehen »und der Stirne Zier.« Auf die Größe ihrer Herden seien die Germanen allerdings sehr stolz, dies sei »ihr einziger und liebster Reichtum«. Gold und Silber dagegen zöge sie nicht sonderlich an.

Als die Römer diese Zeilen lesen, reiben sie sich ungläubig die Augen. Dem Reiz dieses Fremdartigen und bisher Unbekannten können sie sich nicht entziehen. Die »Germania« des Tacitus wird in Rom schnell zum Bestseller. Die Sklaven haben alle Hände voll zu tun mit dem Abschreiben des Textes. Jeder Römer, der etwas auf sich hält, liest dieses

Buch. Besonders die Schilderungen über die germanischen Frauen, die unnahbar wirkenden, hochgewachsenen, blauäugigen Blondinen aus dem kühlen Norden, haben es den römischen Männern angetan. Auch die römischen Frauen verschlingen den Text. Fortan gilt es als schick, sich die Haare blond zu färben. Und wer es sich leisten kann, kauft echtes germanisches Frauenhaar, um es als blonden Zopf zu tragen.

Doch kaum eine Römerin und kaum ein Römer werden wohl zu dieser Zeit den Wunsch verspürt haben, sich jemals in dieses geheimnisvolle Land zu begeben. Um die Zeitenwende ist Germanien für die Römer in etwa das, was für uns noch vor einigen Jahrzehnten Alaska oder gar der Nordpol war: Unwirtlich, kaum zugänglich und weit entfernt. Und fremdartig und gefährlich dazu. Um diese geheimnisumwitterte Charakteristik zu unterstreichen, scheut sich Tacitus nicht, den göttergleichen und riesenstarken Helden Herkules zu bemühen, der angeblich dort gewesen sei und auch die vor der Küste im Meer gelegenen beiden Säulen gesehen habe, die ebenso seinen Namen erhalten hätten wie die Säulen des Herkules an der Meerenge von Gibraltar. So recht überzeugt ist Tacitus davon allerdings nicht, denn einschränkend fügt er hinzu, es sei »frommer und ehrfurchtsvoller, was die Taten der Götter anbetrifft, zu glauben als zu wissen«. Doch vielleicht hat es diese beiden Säulen in der heutigen Nordsee wirklich gegeben, vielleicht hat der Anblick von Helgoland zu dieser Behauptung geführt. Denn damals gab es neben dem heute noch existierenden Buntsandsteinfelsen, der »Langen Anna«, auf der vorgelagerten Düne tatsächlich noch einen weißen Felsen. Er war fast genauso hoch und ist erst von der Springflut des Jahres 1711 weggespült worden.

Aber damit nicht genug. Gewissermaßen hinter der vor den Mund gehaltenen Hand fügt Tacitus noch hinzu, einige meinten, auch Odysseus habe es auf seiner langen und fabelhaften Irrfahrt ebenfalls nach Germanien verschlagen. Und das will schon etwas heißen! Denn schließlich tummelte sich der Held überall dort herum, wo Gefahren drohten. Und gefährlich und furchteinflößend seien sie schon, diese Germanen, die, wie Tacitus schreibt, »trotz der großen Menschenzahl« fast alle gleich aussehen: »Wild blickende blaue Augen, rötliches Haar, hohe und nur zum Angriff kräftige Gestalten, während sie Anstrengung und Arbeit nicht so leicht aushalten. Am wenigsten sind sie durch Klima oder Bodenbeschaffenheit gewohnt, Durst und Hitze, wohl aber Kälte und Hunger zu ertragen.«

Da haben wir es Schwarz auf Weiß: Wir Germanen sollen im Grunde faul sein und für anstrengende Arbeit wenig geeignet. Machen wir uns unseren Vers darauf. Und wir haben immer Durst! Der Germane wird schlecht gelaunt, wenn er nichts zu trinken hat, kein Bier da ist, kein Wein oder Schnaps! »Und Gelage und Gastlichkeit liebt wohl kein anderes Volk so ohne Grenzen.« Ihre Speisen seien allerdings sehr einfach, erklärt Tacitus seinen römischen Landsleuten. In Germanien äße man viel wild wachsendes Obst, frisches Wildbret oder »geronnene Milch«, womit Quarkkäse gemeint ist, ein Begriff, den man damals noch nicht kannte. »Ohne umständliche Zubereitung, ohne besondere Gewürze, stillen sie den Hunger«, schreibt Tacitus. Und er weiß noch mehr: »Zum Getränk dient ihnen ein Aufguss auf Gerste oder Weizen, zu einiger Ähnlichkeit mit Wein gegoren.« Dass dieses Getränk, das über die Jahrtausende zu einer Art Nationalgetränk der Deutschen wird, Bier heißt, weiß er noch nicht. Und auch vom Met, diesem kräftigen Gebräu aus gegorenem Honig, an dem sich die alten Germanen so gern berauscht haben, schreibt er nichts. Aber er erwähnt zutreffend, dass die »zunächst unserer Grenze Wohnenden«, also die Menschen an Rhein und Donau, auch Wein einkaufen. Vom Anbau des guten deutschen Weins ist man noch ein ziemliches Stück entfernt. Und Tacitus glaubt auch zu wissen, dass alle Germanen Säufer sind: »Wollte man ihrer Trinksucht willfahren, indem man ihnen gäbe, soviel sie begehrten, so würden sie mindestens eben so leicht durch Laster als durch Waffen zu besiegen sein.«

Aber, aber, werden Sie jetzt sagen, da übertreibt der Mann doch sehr! Ich stimme Ihnen zu. Wenn wir diese verallgemeinernde Beschreibung des Tacitus lesen, entsteht der Eindruck, die Germanen hätten tatsächlich ständig auf der Bärenhaut gelegen und »gesoffen«, frei nach dem Motto: »Einer geht noch, einer geht noch rein!« Aber das ist übertrieben und stimmt so pauschal sicherlich nicht. Die Germanen haben berauschende Getränke nicht übermäßiger konsumiert als andere Völker und wurden darin wahrscheinlich sogar von Tacitus' Landsleuten übertroffen. So gab es zum Beispiel im 1. Jahrhundert n. Chr. in Germanien (im Gegensatz zu Rom!) keinerlei Wirtshäuser, in denen man dem Trunke hätte frönen können. Es gab auch keine Läden, in denen alkoholische Getränke hätten gekauft werden können. Bier und Met mussten mühsam zu Hause gebraut werden. Und den importierten Wein, von dem Tacitus spricht, konnten sich bestimmt nur Reiche leisten.

Tacitus ist erstaunt darüber, dass die Germanen ausgerechnet beim auch in Rom hinlänglich bekannten und betriebenen Würfelspiel nichts trinken: »Das Würfelspiel treiben sie, worüber man sich wundern möchte, nüchtern, ganz wie ein ernsthaftes Geschäft, mit solcher Verwegenheit bei Gewinn und Verlust, dass sie, wenn sie nichts mehr haben, auf den äußersten und letzten Wurf sogar ihre Freiheit und Person setzen.« Als die zeitgenössischen Römer das lesen, werden sie den Kopf geschüttelt haben. Der Verlierer begibt sich freiwillig in die Knechtschaft! Das versteht kein Römer. Und so fügt Tacitus auch scharfsinnig hinzu: »So groß ist ihr Starrsinn bei solcher Verkehrtheit: Sie selbst nennen es Worthalten.« Die Römer lachen: Die keusche germanische Hausfrau sitzt daheim fleißig an der Spindel. Da fährt plötzlich der Nachbar mit dem Ochsenfuhrwerk vor, fasst sie kräftig um die Taille und trägt sie schnurstracks aus dem Haus, weil er sie beim Würfelspiel während des letzten Zechgelages mit dem Ehemann gewonnen hat.

Und natürlich, beinahe hätte ich es vergessen: »Dann haben sie auch noch Lieder, durch deren Anstimmung, Barditus von ihnen genannt, sie ihren Mut entflammen und den Ausgang des bevorstehenden Kampfes schon aus dem bloßen Klange vorausahnen. Denn sie erschrecken andere oder verzagen selbst, je nachdem wie die Schlachtreihe schallte.« Tacitus erklärt, dies sei »ein Einklang zum Ausdruck der Tapferkeit«. Beim Singen strebe man besonders nach Rauheit des Tones. So erzeuge man ein »dumpfes Getöse«, »indem man den Schild vor den Mund hält, damit die Stimme desto voller und kräftiger durch das Zurückprallen derselben anwachse.« Nun denn, singe, wem Gesang gegeben! Wir Germanen tun das ja heute noch gern. Fordern wir also weiterhin unseren Nachbarn auf, sich getrost dort niederzulassen, wo gesungen wird: »Böse Menschen haben keine Lieder!«

Von dem, was Tacitus über die Germanen seiner Zeit und ihr Land berichtet, ist sicherlich vieles zutreffend, manches aber auch fraglich. So schließt er zum Beispiel daraus, dass die Germanen nicht wie die Römer Schwerter oder größere Lanzen tragen, dass in diesem Lande »nicht einmal Eisen in Überfluss vorhanden« sei. Aber er räumt zugleich ein, dass die Germanen mit ihren langen Speeren, die mit einer schmalen und kurzen Eisenspitze versehen sind und die sie selbst *Framen* nennen, sehr geschickt umgehen können, »wie es die Umstände erfordern, in der Nähe und aus der Ferne.« Der Zenturio Marcus Caelius und die gesamte 1. Kohorte der 18. römischen Legion hat dies, wie wir bereits gesehen haben, am 11. September 9 n. Chr. im Dickicht des Waldes leidvoll erfahren und mit ihrem Leben bezahlen müssen. Der einzige Schutz der germanischen Krieger sind ihre Schilde, weiß Tacitus in seinen »Annalen« (II,14) zu berichten. Ihre Schilde sind zwar sehr groß, aber weder mit Eisen noch mit Leder bedeckt. Sie bestehen entweder aus bloßem Weidengeflecht oder dünnen, mit greller Farbe übertünchten Brettern.

Die Reiter begnügten sich nach Tacitus ebenfalls mit Schild und Frame, während das Fußvolk noch andere Wurfgeschosse schleudere, von denen jeder Krieger mehrere mit sich führe. »Sie werfen ungeheuer weit, weil sie nackt sind oder mit einem kleinen Kriegsmantel leicht bekleidet.« Auf Waffenschmuck verzichteten sie ganz. »Wenige haben Panzer, kaum einer oder der andere eine Sturmhaube oder einen Helm.« Die Germanen seien nicht nur furchtlose, sondern auch schlaue Krieger, stellt Tacitus fest. »Vom Platze zu weichen, wenn man nur nachher wieder vordringt, halten sie mehr für Klugheit als für Furchtsamkeit.« Die größte Schande sei, den Schild im Stich gelassen zu haben. »Viele, welche sich aus den Kriegen gerettet, haben ihrer Schande durch Erhängen ein Ende gemacht.«

Die größte Stärke der Germanen besteht nach Tacitus im Fußvolk, das sich in keilförmiger Schlachtordnung aufstellt. Die Anzahl ist genau bestimmt. »Immer 100 aus jedem Gaue bilden eine Gemeinschaft, darnach nennen sie sich auch untereinander, und was anfangs bloße Zahlenbestimmung war, ist jetzt Name und Ehrentitel.« Sie nehmen Bildnisse und gewisse aus Hainen hervorgeholte Zeichen mit in die Schlacht. »Was aber einen ganz besonderen Sporn zur Tapferkeit gewährt, ist das, dass nicht der Zufall oder ungefähre Zusammenhäufung das Geschwader oder den Keil bildet, sondern Familien und Verwandtschaften. Dabei haben sie ihre Lieben ganz in der Nähe, so dass das Geheul der Weiber und das Gewimmer der Kinder vernommen werden kann.«

Aha, werden einige unter den Leserinnen sagen, die vielleicht verschnupft die Nase gerümpft haben, weil bisher hauptsächlich von Männern die Rede war, jetzt werden endlich auch einmal Frauen erwähnt. Jawohl, und das gleich mit einem richtigen Paukenschlag, von dem allerdings selbst Tacitus nicht so richtig überzeugt ist. Denn vorsichtig wählt er die Formulierung, es werde erzählt, »dass manche schon weichende und wankende Schlachtordnung durch die Frauen wiederhergestellt worden sei durch die Beharrlichkeit des Flehens, durch Entgegenhalten ihrer Brust und Hinweisung auf die nahe Gefangenschaft.«

Immerhin, da haben wir sie, die kämpferische Germanenfrau, die mutige Brunhild, die rachsüchtige Kriemhild und all die jungfräulichen Walküren, die auf Odins Befehl die im Kampfe Erschlagenen nach Walhall bringen!

Und da sind wir schon bei den Göttern, von denen auch die Germanen, ähnlich wie die Römer, genug haben. Am höchsten verehren sie Wodan, bei den skandinavischen Germanen Odin genannt. Er ist zugleich der Gott des Krieges, des Todes, des Windes und der Führer der Wilden Jagd. Sie verehren ihn und alle anderen Götter in besonderer Weise. Denn sie »halten es mit der Größe des Himmlischen unvereinbar, die Götter mit Wänden zu umschließen, noch sie auf irgendeine menschenähnliche Weise abzubilden. Sie weihen ihnen Haine und Gehölze.« Den Wahrzeichen, insbesondere denen der Priester, schenkten sie größte Beachtung. So stellten sie zum Beispiel aus dem Volk, mit dem sie sich im Kriege befänden, den ersten besten Gefangenen einem ihrer eigenen Krieger zum Zweikampf gegenüber; jeder kämpfe mit seinen eigenen Waffen. »Der Sieg des einen oder anderen wird als Vorentscheidung angesehen«, berichtet Tacitus.

An der Seite von Wodan, dem singenden, schmausenden und trinkenden Rübezahl mit den zwei Raben auf der Schulter und der schwarzen Binde über einem Auge, dem unumschränkten Gebieter in Walhall, dem wandernden Sturmwind der Lüfte, hat Frigga, seine Frau, einige Mühen, neben ihm zu bestehen. Aus dieser Götterehe, die anders als bei Zeus oder Jupiter ohne jeden Fehltritt bleibt, erwachsen Donar (oder Thor), der gewaltige Donnerer, der Menschen und Tiere beschützt, und Ziu (oder Tyr), der Kriegsgott, nach dem unser Dienstag benannt ist. Wie in einer Art Wettkampf tötet er reihenweise alle Feinde. Die Römer rätseln, ob Ziu wohl genauso stark und mächtig ist wie Mars, ihr eigener Gott des Krieges. Auf dem Gebiet der Liebe muss es im hohen Norden ihrer Meinung nach allerdings traurig bestellt sein, denn die Germanen kennen keine Aphrodite und keinen Eros. Sie haben nur Freia und Holda, bloße »Beschützerinnen der Liebenden«. In den Augen der Römer sind sie keine echten Götter.

Wie lebte man in Germanien zusammen, wie war insbesondere das Verhältnis zwischen Mann und Frau? Tacitus setzt als hinreichend bekannt voraus, dass die Germanen keine Städte bewohnen. Er schreibt: »Sie dulden nicht einmal miteinander verbundene Wohnsitze. Abgesondert und zerstreut bauen sie sich an, wie ein Quell, ein Feld, ein Gehölz ihnen eben gefiel. Dörfer legen sie nicht nach unserer Weise so an, dass die Gebäude verbunden sind und zusammenhängen, sondern jeder umgibt sein Haus mit einem Raume, sei es zum Schutze gegen Feuergefahr, sei es aus Unwissenheit in der Baukunst. Nicht einmal Mauersteine und Ziegel sind bei ihnen in Gebrauch; zu allem bedienen sie sich rohen Holzes, ohne Schönheit und Anmut.« Wenn untereinander Streit ausbricht, »ratschlagen die Häupter über geringere Sachen, über größere alle.« Sie kommen regelmäßig an bestimmten Tagen zusammen, entweder bei Neumond oder bei Vollmond. »Denn sie halten dies für den günstigsten Anfangspunkt von Geschäften. Auch rechnen sie nicht, wie wir, nach Tagen, sondern nach Nächten ... Die Nacht erscheint als Führerin des Tages.« In diesen Versammlungen werden auch die Häupter gewählt, die in den Gauen und Dörfern Recht sprechen sollen. Verräter und Überläufer werden kurzerhand an Bäumen aufgehangen. »Feige, Kriegsscheue und am Körper Geschändete versenken sie, noch Flechtwerk darüber werfend, in Schlamm und Sumpf.«

Damit Sie sich nun noch besser vorstellen können, wie die Germanen dieser Zeit ausgesehen und gelebt haben, möchte ich Ihnen nicht vorenthalten, wie sie gekleidet waren. Wieder nehme ich dafür Tacitus zu Hilfe: »Zur Bedeckung haben alle einen Kittel, der mit einer Spange ... oder einem Dorn zusammengehalten wird; im Übrigen bringen sie ganze Tage unbedeckt neben dem Herde am Feuer zu.« Die Wohlhabenden tragen eine recht enge, heute würden wir sagen körperbetonte Kleidung, die, wie Tacitus bemerkt, »jedes Glied hervortreten lässt.« Sie tragen auch Felle wilder Tiere. Auch die Frauen, werden Sie fragen? Tacitus weiß auch darauf eine Antwort: »Die Tracht der Frauen ist von der der Männer nicht verschieden, nur dass die Frauen sich häufiger in Leinwand kleiden, diese mit Purpurstreifen zieren, und den oberen Teil der Kleidung nicht in Ärmel auslaufen lassen. Oberarm wie Unterarm sowie auch der nächste Teil der Brust bleibt frei.«

Hui, das ist wieder etwas für uns Männer! Freizügig gekleidete Germaninnen, wenn auch nicht so frei wie auf Kreta, wo die Frauen barbusig herumliefen, oder wie die Spartanerinnen, die kaum bekleidet waren und fast alle ihre Reize den Männerblicken feil boten! Aber ich muss Sie gleich enttäuschen: Die Germanin zur Zeit der Varusschlacht ist eher keusch, die Ehen sind streng. Das erkennt Tacitus lobend an, indem er feststellt, die Germanen seien »fast die einzigen unter den Barbaren, die sich mit einem Weibe begnügen.« Nicht die Frau muss die Mitgift in die

Ehe einbringen, sondern der Mann. Und weiter lobend merkt er an: »So leben sie denn in wohlbeschirmter Keuschheit und durch keine Lockungen von Schauspielen, keine Reizungen von Gastmählern verführt.« Ach, wie schön, werden Sie sagen, wenn man das mit den lockeren Sitten unserer heutigen Zeit vergleicht. Aber vielleicht auch: Oh je, wie schrecklich und trostlos!

Und wie steht es mit dem Ehebruch? Den gibt es kaum bei den Germanen, »sehr selten für ein so zahlreiches Volk«, wie Tacitus zu Recht hervorhebt. Da geht es in Rom ganz anders zu! Und kommt er dennoch einmal vor, so erfolgt die Bestrafung unverzüglich. Sie bleibt dem Gatten überlassen. Betrügt die Frau ihren Mann, so jagt er sie »vor den Augen ihrer Verwandten entblößt und mit abgeschnittenem Haupthaar aus dem Hause und treibt sie mit einer Peitsche durch das ganze Dorf.« Oft wird die Frau einfach ins Moor getrieben und dort versenkt. Wir hören Tacitus seufzen: »Weheklagen und Tränen lassen sie, nicht aber das stille Leid und die Trauer.« In Germanien lache niemand über das Laster, fügt er mit erhobenem Zeigefinger und mit Blick auf den Sittenverfall in Rom hinzu. »Und verführen und sich verführen lassen, nennt man nicht den Geist der Zeit.«

Die Germanen wollen Kinder, aber nur in der Ehe. Davon können sie gar nicht genug kriegen. In den Nachkommen soll ja die Familie weiterleben. Die Römer bewundern den Kinderreichtum der Germanen, die ihren Kindern große Liebe entgegenbringen. Abtreibung oder die Tötung eines Kindes wird für eine üble Missetat gehalten, und Tacitus unterstreicht dies mit der Bemerkung: »Hier vermögen gute Sitten mehr als anderswo gute Gesetze.« Die Mutter nährt jedes Kind an ihrer eigenen Brust, Ammen sind verpönt. Die Kinder wachsen halbnackt und schmutzig heran, schreibt Tacitus, doch »zu dem Gliederbau, zu der Leibesgestalt, die wir bewundern.« Beim Jüngling erwacht die Sinnlichkeit erst spät, »und darum ist seine Manneskraft unerschöpft.« Ein Mann, der seine Geliebte freiwillig verlässt, wird verachtet. Und ein Mädchen, das seine Keuschheit leichtfertig preisgibt, wird, wie Tacitus berichtet, »weder durch Schönheit noch durch Jugend noch durch Reichtum wieder einen Mann finden.« Wer auch nur die Hand einer verheirateten Frau »in unehrenhafter Weise« streichelt, muss eine Buße von 15 Stück Vieh entrichten. Und wer gar ihre Brüste anfasst, büßt mit 45 Rindern. Die Römer vernehmen das mit gewisser Entrüstung. Kein Wunder, denn ihre Sitten und ihre Kultur verfallen zu dieser Zeit rasant. Und auch wir heute haben dafür nur ein mildes Lächeln übrig. Was zu unserer Zeit beispielsweise in einem Liebesroman oder zweistündigen freizügigen Film geschieht, hätte ein ganzer Germanenstamm nicht bezahlen können.

Tacitus beschreibt ziemlich genau, wie es gewöhnlich in einer germanischen Familie zugeht: »Gleich nach dem Schlafe, den sie gewöhnlich bis in den Tag ausdehnen, baden sie, in der Regel warm, da ja bei ihnen meistens Winter ist. Nach dem Bade nehmen sie Speise zu sich. Jeder hat seinen eigenen besonderen Sitz und seinen eigenen Tisch. Dann gehen sie an ihre Geschäfte und nicht minder oft in Waffen zu Gastgelagen. Tag und Nacht in einem fort zu zechen, gereicht keinem zur Schande.« Das betrifft allerdings nur die Männer. Die Frauen sind den ganzen Tag damit beschäftigt, sich um den Haushalt zu kümmern und das Vieh zu versorgen. Sie reiben auf dem Mahlstein das Mehl, backen große Brotfladen, bereiten das Essen zu, legen Vorräte an und bringen Pilze und Beeren ebenso ein wie das Getreide von den Feldern. In Kesseln kochen sie Schweinefleisch oder dünsten es zwischen heißen Steinen, in reicheren Familien braten sie es auch am Spieß. Da Schweine in den dichten Eichenwäldern reichlich Nahrung finden, ist Schweinefleisch für die Germanen neben Milch und Käse das Hauptnahrungsmittel. Die Frauen kennen und sammeln auch Kräuter, die bei Wunden oder Krankheit Heilung bringen. Und mit geschickten Fingern formen sie Töpfe und Schüsseln aus weichem Lehm. Fleißig sitzen sie am Webstuhl oder schneiden aus weichem Leder schöne Schuhe.

Nur für das gemeinsame Bad nehmen sich die Frauen etwas Zeit. Die vom Manne hoch geachtete Frau steigt – ebenfalls nackt – zu ihm in die Wanne, manchmal auch zusammen mit den Kindern, und dann planscht man gemeinsam herum. Die tüchtige und umsichtige Frau, althochdeutsch *frouwa* oder mittelhochdeutsch *vrouwe*, ist in Germanien wahrlich die Herrin im Haus. Tacitus schreibt ihr auch geheimnisvolle seherische Kräfte zu, mit denen sie in die dunkle Zukunft blicken kann. Die Seherin Veleda vom Stamme der Brukterer an der Ems erwähnt er sogar namentlich. Sie sei wie ein göttliches Wesen verehrt worden, schreibt er, und fügt hinzu: »Die Germanen glauben, dass den Frauen etwas Heiliges und Seherisches innewohne, sie hören auf deren Ratschläge und verachten deren Aussprüche nicht.«

Wenn jemand aus der Familie stirbt, »findet keine Prunksucht statt«. Die Leichen werden verbrannt. »Jedem werden seine Waffen, einigen auch ihr Ross in das Feuer mitgegeben. Über der Grabstätte erhebt sich ein Rasenhügel. Der Denkmäler hochragende und mühevolle Ehre verschmähen sie als drückend für die Abgeschiedenen … Den Frauen ziemt die Totenklage, den Männern die Erinnerung.«

Hat dieser Tacitus nicht wirklich schöne Sätze gefunden für dieses Volk der Germanen, mit dem Rom sich so lange bekriegt hat? Anerkennend hält er für seine Landsleute fest: »Dieses weder listige noch verschlagene Volk enthüllt noch die Geheimnisse seiner Brust in der Ungebundenheit.« Das klingt doch einfach unglaublich, angesichts der für Rom katastrophalen Ereignisse des Jahres 9 n. Chr., auf die wir nun langsam zurückkommen wollen. Aber selbstverständlich können wir das nicht tun, ohne noch zuvor einen kurzen Blick auf die Besonderheiten und Eigenheiten einiger Volksstämme zu werfen, die in der Schlacht im Teutoburger Wald eine Rolle spielen.

Da sind zunächst die Chatten (die heutigen Hessen). Präzise stellt Tacitus fest, die Gegend, in der sie beheimatet sind, sei nicht so flach und sumpfig wie die übrigen Gaue in den Ebenen Germaniens. »Es ziehen sich nämlich Hügel ganz hindurch und werden nur allmählich seltener.« Der »Hercynische Wald« (gemeint ist das heutige mitteldeutsche Gebirge bis hin zum Harz und dem Thüringer- und Böhmerwald) mit seinen über 1000 Meter hohen Bergen begleite die Chatten und verlasse sie erst an ihrer Grenze. Dieses Volk habe einen festeren Körperbau, gedrungene Glieder, einen drohenden Blick und größere Regsamkeit des Geistes. »Groß ist, für Germanen, ihr Verstand und ihre Gewandtheit.« Glück würden sie für etwas Ungewisses halten, Tapferkeit für das Gewisse. In der Schlacht hielten sie Reih und Glied und würden mehr auf den Feldherrn setzen als auf das Heer. Im Jünglingsalter würden sie Haupthaar und Bart wachsen lassen und es erst wieder zurechtstutzen, nachdem sie ihren ersten Feind erlegt hätten. Feige und Kriegsscheue würden ihr »zottiges Aussehen« behalten. Die Chatten seien auch bei ihren Feinden hoch angesehen. »In allen Schlachten machen sie den Anfang, sie sind stets die erste Schlachtreihe.« Selbst in Friedenszeiten nähme ihr Antlitz kein milderes Ansehen an. »Keiner hat eine Wohnung oder ein Feld oder irgendein Geschäft, zu wem sie gerade kommen, von dem werden sie ernährt.« Wir werden diesen wahrhaft rauen Kriegsmännern in der Schlacht im Teutoburger Wald wieder begegnen – ohne sie wäre sie gar nicht möglich und durchführbar gewesen.

So wie die Chatten als Fußvolk im Kriege berühmt geworden seien, so seien es ihre Nachbarn, die in der Nähe des Rheins wohnenden Tenkterer, durch ihre Reiterei, sagt Tacitus über sie. Schon die Kinder übten die Kunst des Reitens und sogar die Greise hielten noch daran fest. Neben den Tenkterern hätten ehedem die Brukterer gelebt, die inzwischen aber aus Hass oder Beutelust fast vollständig durch ihre vereinten Nachbarvölker ausgerottet worden seien. Geradezu beschwörend und flehend spricht Tacitus dann die Hoffnung aus, dieser Hass zwischen den germanischen Völkern möge auch fortbestehen, »weil bei dem drohenden Verhängnis des Reiches das Schicksal uns nichts Größeres gewähren kann als die Zwietracht der Feinde!«

Zum Meer hin leben die Friesen, daneben die Chauken, »eine Völkerschaft, die unter den Germanen die angesehenste ist und dabei ihre Größe doch am liebsten durch Gerechtigkeit zu behaupten sucht. Ohne Habgier, ohne Herrschsucht, still und für sich, reizen sie zu keinem Kriege, erlauben sich keine Plünderungen und Räubereien.« Dennoch hätten alle ihre Waffen in Bereitschaft, versichert Tacitus sogleich, und, wenn nötig, »auch ein Heer, eine große Menge von Männern und Rossen.« Tatsächlich waren die Chauken, wie wir noch sehen werden, mit ihrer Stärke und Tapferkeit in den Auseinandersetzungen im Jahre 9 n. Chr. ein wichtiger, mitentscheidender Faktor für den Erfolg gegen die Römer.

Über die »zur Seite der Chauken und Chatten« im Weser-Elbe-Gebiet, dem heutigen Niedersachsen, lebenden Cherusker, die später in den Stammesverband der Sachsen integriert wurden, urteilt Tacitus weniger positiv. Ein allzu langer Frieden habe sie erschlaffen lassen, und man müsse sie, »die vordem brav und rechtschaffen hießen, jetzt feige und töricht« nennen. In den Sturz der Cherusker sei auch ihr Nachbarstamm, das Volk der Fosen, mit hineingezogen worden. In der antiken Geschichtsschreibung werden die Cherusker erstmals in Julius Caesars »De Bello Gallico« (Buch 6,10) bei der Schilderung des Jahres 53 v. Chr. erwähnt. So richtig »präsent« werden sie den Historikern erst, als es 9 n. Chr. zum Aufstand gegen die römische Besatzungsmacht kommt, an dem die Cherusker maßgeblich beteiligt sind. Sie sind die Initiatoren des Aufstands und diejenigen Germanen, die dafür sorgen, dass sich einige Stämme des heutigen Nordwestdeutschlands unter ihrer Führung vereinen, was wir noch näher betrachten werden. Das lag vor allem an einem Mann, der den Namen Arminius trug. Wie es dazu kam, dass gerade er einen römischen Namen hatte, werde ich Ihnen ebenfalls noch schildern.

Jetzt werden Sie vermutlich aufatmen. Da ist er ja endlich, der berühmte Fürst der Cherusker, ohne den die Schlacht im Teutoburger Wald nie stattgefunden hätte! Vielleicht haben Sie schon gespannt auf seinen Auftritt gewartet. Der Mann wird uns von nun an intensiv beschäftigen, schließlich ist er neben Quinctilius Varus die Hauptfigur des ganzen Geschehens und damit auch dieses Buches. Aber ich muss Sie noch ein wenig vertrösten. Ehe wir uns ausführlicher mit Armin, dem Cherusker, auseinandersetzen, müssen wir versuchen, die Ursachen zu ergründen, die letztlich zum Krieg geführt haben, und auch die Fragen zu beantworten, warum die Römer überhaupt an den Rhein gekommen waren und was sie dort zu suchen hatten. Das sind schwierige Fragen. Warum ist Publius Cornelius Scipio (Africanus) in Karthago einmarschiert und Julius Caesar in Gallien? Warum war es der Wille des Kaisers Augustus, ganz Germanien müsse römisch werden? Wir werden sehen.

4
Die römische Strategie zur Lösung des Germanienproblems

Um das Jahr 120 v. Chr. herum bricht eine gewaltige Sturmflut über das Gebiet des heutigen Jütland herein. Sie nimmt den dort lebenden germanischen Völkern, den Kimbern, Teutonen und Ambronen, ihren Lebensraum. Hinzu kommen große Hungersnöte als Folge einer rapiden Klimaveränderung: Etwa seit 800 v. Chr. war es in Nordeuropa immer kälter geworden. Den germanischen Stämmen bleibt nichts anderes übrig, als mit Weib und Kind nach Süden zu ziehen, in der Hoffnung, dort neues fruchtbares Siedlungsland zu finden. Sie durchqueren Deutschland, ziehen nach Böhmen, Mähren und Schlesien und treffen 113 v. Chr. in den Ostalpen zum ersten Mal auf die Römer, die mit ihren Truppen die Alpenpässe sperren, um einen Weitermarsch der Kimbern und Teutonen in Richtung Rom zu verhindern. Sie sind gewissermaßen ein gebranntes Kind, denn um etwa 400 v. Chr. war schon einmal ein fremdes Volk aus dem Norden in Oberitalien eingefallen und im Jahr 387 v. Chr. sogar bis nach Rom vorgestoßen. Das waren die Gallier, ein keltisches Nachbarvolk der Germanen.

Da man sich auf keinen Fall noch einmal einer solchen Gefahr aussetzen will, gibt der römische Konsul Papirius Carbo den Befehl, die Kimbern und Teutonen mit zwei Legionen anzugreifen. Aber die sind keinesfalls wehrlos, im Gegenteil: Sie sind recht kampfstark. Der römische Geschichtsschreiber Plutarch spricht sogar davon, dass die germanischen Familien von rund 300.000 kampffähigen Männern begleitet wurden. Sicherlich war das stark übertrieben, vermutlich, um die Schmach zu schmälern, die nun folgt: Die römischen Legionen werden in der Nähe von Noreia (im heutigen Kärnten) vernichtend geschlagen. Die Kimbern und Teutonen ziehen weiter nach Westen bis nach Gallien, dem heutigen Frankreich, wo sie zwischen 109 und 105 v. Chr. in mehreren Schlachten die Römer erneut besiegen. Dann aber werden sie

101 v. Chr. von dem römischen Feldherrn Marius bei Aquae Sextiae, dem heutigen Aix-en-Provence, in einer blutigen Schlacht erfolgreich gestoppt. Marius wird als Retter Roms vor dem »Furor Teutonicus«, dem teutonischen Schrecken, gefeiert.

Sein Neffe Julius Caesar zieht aus dieser ständigen massiven Bedrohung des Imperiums durch landhungrige »Barbaren« aus dem Norden die strategischen Konsequenzen. Er wird offensiv und marschiert 58 v. Chr. in Gallien ein, um es zwischen Pyrenäen und Rhein zu unterwerfen und zu besetzen. Sie werden sich sicherlich an dieses Ereignis erinnern, wenn Sie in der Schule das Buch über den Gallischen Krieg gelesen haben, das er selbst geschrieben hat. Der Krieg dauert sieben Jahre. Caesar dringt bis an den Rhein bei Argentorate, dem heutigen Straßburg, vor und wirft dort auch die Sueben, die aus dem mecklenburgischen Ostseeraum zugewandert sind, nach »Schwaben« zurück. Aber damit nicht genug: Nun erhebt Caesar auch einen Anspruch auf das germanische Kernland jenseits des Rheins. Um das zu unterstreichen, marschiert er mit seinen Truppen in den Westerwald ein. Beträchtliche linksrheinische »deutsche« Gebiete werden römisch. Von jetzt an haben die Germanen und die Römer eine ziemlich lange gemeinsame Grenze.

Wissen Sie, was die Folge davon ist? Wenn nicht, ahnen Sie es vielleicht: Die Germanen sind darüber alles andere als erfreut. Aus den Gauen Lippe, Ruhr und Sieg brechen 16 v. Chr. Tenkterer und Sugambrer hervor und strömen in das limburgische Maasland und den Raum um Köln und Aachen hinein. Sie treffen auf die dort stationierte 5. römische Legion, stehlen ihr ihre Adlerstandarte und vernichten eine ganze römische Reiterabteilung. Über diese Niederlage ihres Statthalters Marcus Lollius sind die Römer entsetzt, allen voran Augustus, der neue römische Imperator, dem man im Jahre 27 v. Chr. sogar den Augustustitel verliehen hat. Ihm geht langsam ein Licht auf: Die Germanienfrage kann nur im Sinne Caesars gelöst werden! Das bedeutet: offensiver Aufmarsch! Zur Vorbereitung werden erst einmal zahlreiche starke Kastelle und Garnisonen errichtet, um die linksrheinische Uferstraße zu sichern. Augustus höchstpersönlich übernimmt mit ausgeklügelter und bewundernswerter Methodik die Leitung sozusagen vor Ort und beaufsichtigt drei Jahre lang von Lyon, Mainz, Köln und Xanten aus den Aufmarsch. Dann ist es soweit. Er übergibt seinem Stiefsohn Drusus (38–9 v. Chr.) das Kommando und befiehlt den Angriff mit dem Ziel, alle germanischen Stämme bis zur Elbe zu unterjochen und die Gebiete ins römische Imperium einzugliedern.

Ich freue mich, dass ich Ihnen statt zweifelhafter Nichtskönner und Versager oder zumindest nicht herausragender Römer, von denen in diesem Buch hier und da die Rede sein wird, nun eine Lichtgestalt präsentieren kann, einen echten Helden. Dieser junge Drusus ist der von fast allen Römern geliebte große Hoffnungsträger Roms. Er wird zu einer der Heldengestalten der römischen Geschichte. Auf römischen Münzen, die aus dieser Zeit gefunden wurden, können wir sehen, wie er in etwa ausgesehen hat: Große Augen, gerade Nase, energisches Kinn, lockiges Haar, edle Gesichtszüge. Er ist hochgewachsen und kräftig, wie die Geschichtsschreiber berichten, und wird von seinen Soldaten wegen seiner herausragenden Fähigkeiten und seiner gewinnenden Wesensart geradezu vergöttert. Sie lieben seine Leutseligkeit ebenso wie seine Kühnheit und Verwegenheit. Militärisch ist er höchst begabt, wie er in den Alpen und in Gallien bewiesen hat.

Sogleich wartet er mit einem überraschenden Coup auf. In nur drei Jahren lässt er die berühmte »Fossa Drusiana« bauen, ein Kanalsystem zwischen dem unteren Lauf des Rheins und der Zuidersee. Nun kann die römische Rheinflotte in die Nordsee fahren und von dort aus in die Ems-, Weser- und Elbemündungen vordringen und so den Germanen quasi in den Rücken fallen. Er ist wirklich ein Stratege, dieser Drusus, und sehr erfolgreich. Auf einen schnellen Sieg ist er nicht aus. Er will den dauerhaften Erfolg. Deshalb befestigt er nun auch das rechte Rheinufer, legt bei den römischen Hauptlagern Castra Vetera (Xanten), Colonia Claudia (Köln) und Moguntiacum (Mainz) befestigte Brückenköpfe an und errichtet von Basilaea (Basel) bis Noviomagus (Nimwegen) eine gewaltige Befestigungslinie mit rund 50 Kastellen. Das ist in der Kürze der Zeit nur dadurch zu schaffen, dass außer Staatssklaven und Unfreien aus den umliegenden Völkerschaften fast sämtliche Soldaten der Rheinarmee in die enormen Bauarbeiten mit einbezogen werden. Die kriegerischen Germanen unternehmen nichts dagegen, sie sehen nur staunend zu. Vielleicht haben einige von ihnen geahnt, was sich da zusammenbraut und auf sie zukommt.

Die umfangreiche amphibische Operation über die Zuidersee und die Nordsee beginnt im Jahre 12. v. Chr. Drusus hat mit vielen Schwierigkeiten zu kämpfen. Er gerät mit seinen Galeeren ins Wattenmeer und wird nicht nur durch Ebbe und Flut behindert, sondern auch durch unzählige treibende Baumstämme. Nachdem er es schließlich geschafft hat, in die Emsmündung einzufahren, kommen ihm kampfbereite Brukterer auf Einbäumen entgegen. Doch es gelingt den Römern, im Gebiet der Friesen, Bataver und Chauken zu landen und dort festen Fuß zu fassen. Plinius der Ältere (um 23–79 n. Chr.), römischer Gelehrter und als Offizier später lange Jahre zwischen Ems und Weser stationiert, beschreibt die Gegend als »unheimlich« und die Germanen selbst als »elendes Geschlecht«. Sie würden dort »auf hohen Erdhügeln oder Bühnen« leben, schreibt er, »die von Menschenhand so weit aufgeschichtet werden, wie erfahrungsgemäß die höchste Flut reicht. Darauf stehen ihre Hütten ... Diese Leute können kein Vieh halten, keine Milch genießen, jedes Gesträuch ist weit zurückgedrängt. Aus Schilf und Sumpfbinsen flechten sie Stricke, um den Fischen Netze zu schlingen.« Sie würden ihre Speisen und »ihre von nordischer Kälte erstarrenden Eingeweide mit Erde wärmen«, erklärt er fast mitleidig. Von Torf wussten die Römer noch nichts.

Die Legionen des Drusus dringen weiter vor, drängen Cherusker und Tenkterer zurück und überwinden auch die Lippe, indem sie in Windeseile eine Brücke über den Fluss schlagen. Die beiden Stämme sind allein zu schwach, um etwas dagegen zu unternehmen. Vor allem fehlen ihnen die kriegserfahrenen Sugambrer, die sich gerade anderswo mit den Chatten herumschlagen. Drusus gelingt es, mit den Friesen und einigen anderen Stämmen zu verhandeln und Verträge abzuschließen, die beide Völker langfristig an Rom binden. Ungefährdet erreicht er östlich vom heutigen Paderborn, in der Nähe von Corvey, die Weser. Da der Winter vor der Tür steht, entschließt sich Drusus zum Rückmarsch an den Rhein. Auf dem Weg dahin wird er plötzlich von den Sugambrern angegriffen, die sich mit den Cheruskern vereint haben, und in der Soester Gegend bei Arbalo in eine Falle gelockt.

Ach, ähnlich wie 9 n. Chr. im germanischen Walddickicht, werden Sie nun wohl denken und noch einmal im ersten Kapitel blättern, wo der römische Oberbefehlshaber und Statthalter Germaniens, Quinctilius Varus, bereits seinen ersten, wenn auch kurzen Auftritt hatte und ahnungslos in einen Hinterhalt marschierte. Ja, das stimmt, und das geschieht sogar fast an derselben Stelle. Die Cherusker verstehen sich offenbar bestens aufs Fallenstellen. Aber Drusus ist nicht Varus! Er manövriert sich heraus, schlägt sich durch und errichtet, den Feinden zum Trotz, am Ufer der Lippe, zwischen den beiden heutigen Orten Haltern und Hamm, eine Festung. Da haben wir nun tatsächlich einen unmittelbaren Konnex mit Varus, diesem Unglücksraben, den die Nachwelt zum großen Sündenbock der römischen Geschichte machte. Denn die von Drusus errichtete Garnison ist sehr wahrscheinlich jenes Aliso gewesen, zu dem Varus im September 9 n. Chr. mit seinen drei Legionen unterwegs war.

Und auch Arminius begegnen wir – zum ersten Mal – in der Waldsenke, in der Drusus mit seinen Soldaten ums Überleben kämpft. Er ist noch zu jung, um mitzukämpfen, denn er ist erst sieben Jahre alt. Aber er ist in der Nähe – die Gegend ist seine Heimat – und bekommt ganz genau mit, was da passiert. Und er wird sich eingeprägt haben, dass die Germanen gegen diese Römer aufgrund ihrer überlegenen Bewaffnung, straffen militärischen Führung und taktischen Gliederung in einer offenen Feldschlacht keine Chance haben, dass sich das aber ändert, wenn man die Römer in den dichten Wald lockt und dort, umgeben von schroffen Bergwänden und unwegsamen Schluchten, einschließt. Auf diese Erkenntnis wird er 21 Jahre später zurückkommen.

Aber noch sind wir nicht soweit, um zu den Ereignissen um Quinctilius Varus zurückkehren zu können. Verweilen wir noch einen Augenblick bei Drusus. Es gelingt ihm tatsächlich, das Lippe-Weser-Gebiet, das ganze Münster- und Weserbergland, unter seine Kontrolle zu bringen und zu sichern. Er begibt sich an den Rhein zurück ins Kastell Moguntiacum, dem heutigen Mainz, und unternimmt in den Jahren 10 und 9 v. Chr. von dort aus einen weiteren Feldzug gegen die Chatten. Nachdem ihm 9 v. Chr. in Rom das Konsulat übertragen worden ist, stößt Drusus mit seinen Legionen über die Werra hinaus tief ins Gebiet der Cherusker vor. Er vertreibt die Markomannen, die sich bis nach Böhmen zurückziehen, marschiert an den Hängen des heutigen Thüringer Waldes vorbei und erreicht über die Saale die »strategische Grenzlinie« des Augustus, die Elbe bei Magdeburg. Nach der Gründungssage der Stadt erscheint ihm hier »eine riesenhafte Frau« – vermutlich eine der weisen, auf die Politik Einfluss nehmenden Wahrsagerinnen der Germanen, die auch Tacitus erwähnt – und hält ihn vom weiteren Vormarsch ab. Wie Cassius Dio berichtet, soll sie ihm zugerufen haben: »Kehre um, unersättlicher Drusus! Es ist dir vom Schicksal nicht bestimmt, weiter vorzurücken, vielmehr ist das Ende deiner Mühen und deines Lebens nahe!«

Eine düstere Prophezeiung, die tatsächlich wahr wird. Drusus kehrt um. Sicherlich wird der Grund dafür aber auch darin bestanden haben, dass am anderen Ufer der Elbe die Langobarden und Semnonen drohend aufmarschiert sind, um ihr Nationalheiligtum zu verteidigen, einen heiligen Hain mit einer Säule. Die Langobarden sind zwar nicht sehr zahlreich, aber sie sind die wildesten aller Germanen. Und auch die Semnonen, der angesehenste Stamm der suebischen Völkerschaften, sind in ihrer Kampfkraft nicht zu unterschätzen. Drusus wird das gewusst haben. Außerdem ist er am Rande seiner Kräfte angelangt, und der lange germanische Winter steht bevor.

Wenige Tage nach der Weissagung wird der kometenhaften Laufbahn des Drusus ein jähes Ende bereitet. Sein Pferd strauchelt und stürzt und begräbt seinen Reiter unter sich. Der 30-jährige Drusus stirbt etwa einen Monat später an den Folgen der schweren inneren Verletzungen und dem erlittenen Oberschenkelbruch, der sich durch eine Sepsis noch verschlimmert. Sein Bruder Tiberius (42 v. Chr.–37 n. Chr.) eilt herbei, bringt die Leiche nach Rom zurück und übernimmt den Oberbefehl in Germanien.

»Er war wie sein Bruder hochgewachsen, breitschultrig und von gewaltiger Widerstandskraft«, berichtet Velleius Paterculus (um 20 v. Chr.–um 30 n. Chr.) über ihn. Er muss Tiberius ziemlich gut gekannt haben, denn er war ja als Unterfeldherr und Reiterführer gewissermaßen auch »Kriegsberichterstatter« in Tiberius' Stabe. Nicht nur auf dem Marsch, sondern auch beim Trinken habe Tiberius seinen Mann gestanden, berichtet er. Als Vorgesetzter sei er misstrauisch und ungemütlich gewesen, aber als Feldherr genauso tüchtig wie sein strahlender Bruder. Als kühler und verschlossener Stratege kennt sich Tiberius mit den Schwächen der Menschen aus und versteht es in der Folgezeit glänzend, die Fürsten der germanischen Stämme gegeneinander auszuspielen. Er ist nicht nur verschlagen, sondern auch klug. Mit dem ihm eigenen »Talent und Glück« durchzieht er siegreich alle Teile Germaniens, »ohne irgendeinen Verlust des ihm anvertrauten Heeres.« Er legt zwischen Rhein und Elbe weitere Stützpunkte an, besiegt die Brukterer und schafft es, mit den einzelnen Germanenstämmen, insbesondere mit den Cheruskern, kluge Vereinbarungen auszuhandeln, langfristige Verträge über die Lieferung von Proviant, Pferden und sogar willigen germanischen Rekruten für die römische Armee. Fast überschwänglich notiert Velleius: »Gute Götter, was brauchte man für Bücher, um all die Taten zu beschreiben!« Er verschweigt, wie lasterhaft, grausam und hinterhältig Tiberius ebenfalls war. Später, als er als Nachfolger des Augustus auf dem Kaiserthron saß, ließ er Tausende Männer und Frauen zu Tode foltern.

Ich höre schon ihre Frage: Dann war Germanien jetzt also eine römische Provinz? Na ja, nicht so ganz und gewissermaßen nicht offiziell. Aber de facto schon, zumindest bis zur Weser hin. Bei Velleius ist nachzulesen, dass Tiberius Germanien so vollständig gebändigt habe, »dass es fast zu einer steuerpflichtigen Provinz wurde.« Darauf sei ihm in Rom ein zweiter Triumphzug bewilligt worden, »zugleich mit dem Konsulat.« Doch dann gerät Tiberius im Jahre 6 v. Chr. wegen einer leidigen Familienangelegenheit mit Augustus in Streit und zieht sich grollend und schmollend nach Rhodos zurück. Und prompt beginnt es unter seinen Nachfolgern in Germanien wieder zu brodeln. Tribute werden nicht gezahlt und lokale Unruhen brechen aus. Als sie sich zu einem regelrechten Aufstand entwickeln, tut der kluge Kaiser etwas, das Sie möglicherweise auch getan hätten: Er verzeiht Tiberius, nimmt ihn sogar an Sohnes statt an und schickt ihn als Statthalter nach Germanien zurück. Seine Truppen jubeln ihm zu, und er stürzt sich auch sofort energisch ins Getümmel und zieht im Jahre 5 v. Chr. gegen die Chauken, die Nachbarn der Friesen am Unterlauf der Weser zwischen Ems und Elbe. An der Spitze seiner Legionen marschiert er, unterstützt von einigen cheruskischen Hilfstruppen, rund 600 Kilometer weit durch Urwälder und Sümpfe nach Norden bis in die Nähe des heutigen Hamburgs. Im Zuge einer glänzenden Zangenoperation fährt zugleich eine starke Flotte mit römischen Legionären an Bord vom Rhein aus in die Elbmündung ein. Beide Truppenteile vereinigen sich am Elbufer und marschieren hier in der Pracht ihrer Rüstungen und Feldzeichen auf. Das macht ungeheuren Eindruck auf die weitgehend nackt kämpfenden Chauken. Sie unterwerfen sich sofort und geloben, künftig treue Bundesgenossen zu sein. So kommt es, dass Tiberius mitten in ihrem Gebiet ein weiteres Winterlager errichten kann. Wo genau das war, haben die Wissenschaftler bis heute nicht herausfinden können.

Es scheint so, als hätte Augustus 4 n. Chr. in Germanien alles im Griff. Aber nun machen ihm die starken Markomannen Ärger. Unter ihrem König Marbod dringen sie von der Mittelelbe bis nach Böhmen vor. Das ist gefährlich – Augustus und auch Tiberius erkennen das sofort. Sie beschließen 6 n. Chr. in einem groß angelegten Plan, Marbods Streitmacht von zwei Seiten in die Zange zu nehmen. Während Tiberius mit sechs Legionen von der Donau aus anrückt, soll sein Feldherr Sentius

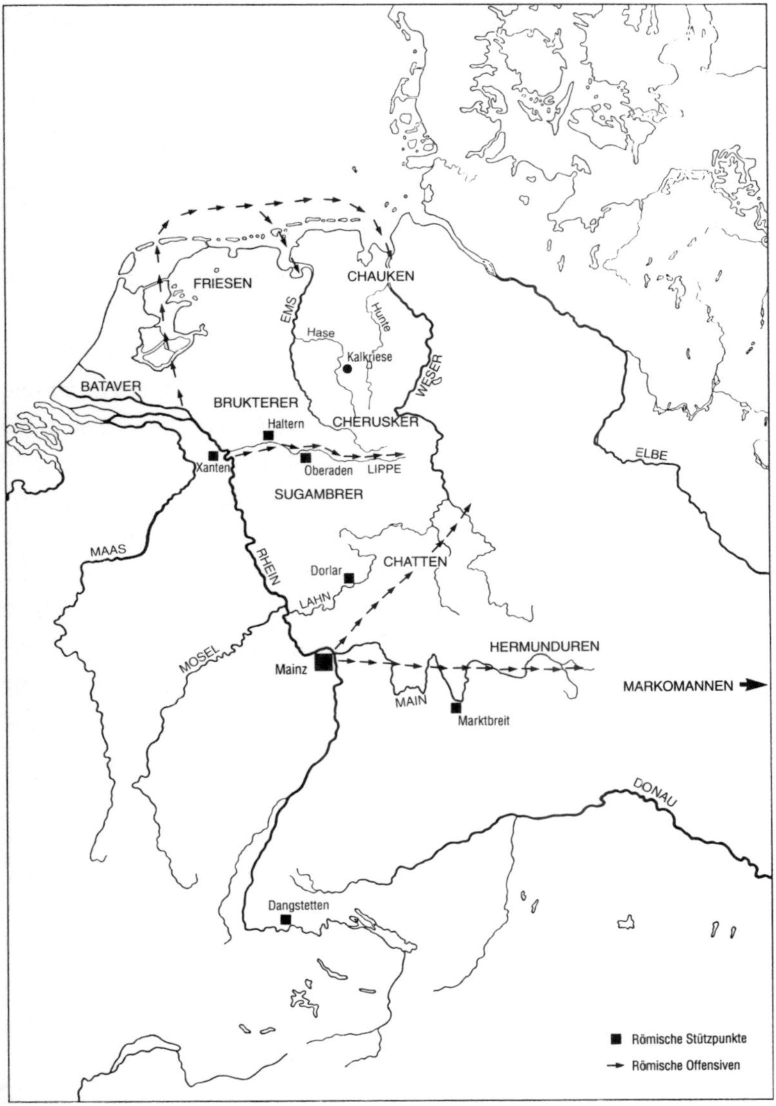

Verteilung der germanischen Stämme in Germanien zur Zeit des Augustus.

Saturninus mit ebenfalls sechs Legionen von Moguntiacum (Mainz) aus nach Südosten vorstoßen und sich mit der Donauarmee in Böhmen vereinigen. Doch dazu kommt es nicht. Mars, der römische Kriegsgott, hat bereits anders entschieden. Oder war es Wodan auf germanischer Seite? Als die römischen Armeen, zusammen etwa 150.000 Mann, nur noch rund 120 Kilometer voneinander entfernt sind, bricht an ihrer Südostflanke, in Pannonien, dem erst vor 15 Jahren gewonnenen Donauraum zwischen Wien und Belgrad, ein großer Aufstand der dort ansässigen illyrischen Stämme los. Über 200.000 feindliche Soldaten und fast 10.000 Reiter aus den unterschiedlichsten Völkerschaften wenden sich gegen die Römer. Tiberius erhält vom Kaiser den Auftrag, in Pannonien und Dalmatien Ruhe und Ordnung wiederherzustellen. Er braucht dafür drei Jahre und 15 Legionen.

Sie vermuten richtig: Dann kann er ja nicht länger Statthalter Germaniens gewesen sein. Genau. Und nun kombinieren Sie bitte noch ein bisschen weiter. Wer wird dort sein Nachfolger? Jawohl, »der Herr Quin(c)tilius Varus«! Vielleicht atmen Sie jetzt auf, weil wir nun endlich zum eigentlichen Thema zurückkehren und beinahe wieder da angelangt sind, wo wir auf Seite eins angefangen haben: dem Beginn der großen Varuskatastrophe. Aber eben nur beinahe. Erst möchte ich Ihnen diesen Mann noch etwas näher vorstellen und auch zu erklären versuchen, wie es zu diesem Riesenschlamassel kommen konnte.

5
Quinctilius Varus, ein habgieriger und hochmütiger Rechtsfanatiker

Auch wenn rund 2000 Jahre vergangen sind, seit sie gelebt hat: Von einer Hauptfigur eines Buches möchten Sie sicherlich gerne wissen, wie sie ausgesehen hat. Auch ich habe diesen Wunsch, doch leider muss er unerfüllt bleiben. Wir wissen nichts darüber. Keine originalgetreue Büste oder Statue ist von ihm erhalten. Von einigen bekannten Römern, die zur Kaiserzeit in Amt und Würden standen, gibt es solche Relikte, von Varus dagegen nicht. Seine römischen Nachfahren wollten nicht an ihn erinnert werden. Sie haben deshalb wahrscheinlich dafür gesorgt, dass jedes Abbild von ihm verschwand. Denn sie haben ihn für die Katastrophe des Jahres 9 n. Chr. allein verantwortlich gemacht und zum großen Sündenbock gestempelt. Ob er das wirklich war, werden wir am Ende des Buches genauer wissen.

Halt! Beinahe hätte ich es unterschlagen: Auf einer Münze der afrikanischen Stadt Achulla prangt sein Porträt! Es zeigt eine große, vorspringende Nase und volle Lippen. Aber was sagt uns das schon? Dass er ein energischer Mann war und zugleich ein Genussmensch? Vielleicht. Auch die einzige Kurzbeschreibung, die von ihm existiert, gibt nicht viel her. Sie stammt von seinem Zeitgenossen Velleius Paterculus, der ihn aber wohl nicht selbst gesehen, sondern auf Schilderungen Dritter zurückgegriffen hat. »Er war von milder Gemütsart«, schreibt er, »ruhigem Temperament, etwas unbeweglich an Körper und Geist, mehr an müßiges Lagerleben als an den Felddienst gewöhnt.« Immerhin, das ist wenigstens etwas und hilft uns ein wenig, eine genauere Vorstellung von ihm zu bekommen. Velleius fügt noch hinzu, dass Varus »aus einer angesehenen, wenn auch nicht hochadligen Familie« stammte.

In der Tat, einer seiner Vorfahren aus den Albaner Bergen hatte schon 500 Jahre zuvor das Amt des Konsuls inne. Und sein Vater war

Quästor, der höchste Finanzbeamte in Rom. Der um 47/46 v. Chr. in Cremona geborene Publius Quinctilius Varus bekleidet ebenfalls das Amt des Schatzmeisters, zwar nur in Achaia, aber dafür schon im zarten Alter von 25 Jahren. Richtig Karriere macht er erst, als er Claudia Pulchra kennenlernt und heiratet, eine sehr hübsche, zierliche Frau mit dunklen Haaren und leuchtenden braunen Augen. Sie ist die Großnichte des Augustus, eine Enkelin der Octavia, der Schwester des Kaisers. Diese, wenn auch nur entfernte Verwandtschaft mit dem Kaiserhaus kommt dem jungen Mann zugute. Augustus schenkt ihm seine Gunst und nimmt ihn in den Jahren 21 bis 19 v. Chr. mit auf seine Orientreise, wo er seine Fähigkeiten schätzen lernt.

Nun gehört Quinctilius Varus zur römischen Oberschicht. Im Jahre 13 v. Chr. übernimmt er zusammen mit Tiberius das Konsulat, und in den Jahren 7 bis 6 v. Chr. verwaltet er als Prokonsul die Provinz Afrika, die dem heutigen Tunesien und Teilen Algeriens entspricht. Als Augustus ihn danach zum Staathalter von Syrien ernennt, eine der reichsten und wichtigsten Provinzen des Imperiums, enttäuscht er ihn nicht. Ihm unterstehen drei römische Legionen, aber bei der Bewältigung der vielfältigen Probleme der fremden vorderorientalischen Welt macht er von ihnen nur zurückhaltend Gebrauch. Varus setzt mehr auf sein Vermittlungsgeschick und diplomatisches Gespür, durch das er das Vertrauen von König Herodes in Judäa gewinnt. Er wird sein politischer Berater. Nach dessen Tod regelt Varus 4 v. Chr. die schwierigen Nachfolgeprobleme und schlägt den Aufstand der Juden in Jerusalem nieder.

Doch er ist auch ein Mann, »der das Geld nicht verachtete«, schreibt Velleius. Er habe das reiche Syrien als armer Mann betreten und ein »armes Land reich wieder verlassen«. Also war Varus ein skrupelloser Ausbeuter, der sich selber die Taschen vollsteckte? Wenn wir Velleius glauben wollen, ja. Das macht den Mann nicht gerade sympathisch. Und er besitzt noch eine weitere ausgeprägte Eigenschaft: Er ist ein Rechtsfanatiker, der überall, wo er hinkommt und Macht ausübt, römische Ordnung und Autorität etablieren und römisches Prestige und römisches Recht durchsetzen will. In Syrien ist er damit ganz gut klar gekommen. Deshalb setzt er diese strenge Praxis auch im hohen Norden fort, als ihn Augustus im Jahre 7 n. Chr. dorthin schickt und zum Statthalter von Germanien macht.

Ich sehe, wie Sie jetzt die Augenbrauen hochziehen, und höre Ihren Ausruf: »Na, wenn das man gut geht!« Deshalb möchte ich Ihnen sogleich bestätigen: Es geht nicht gut! Denn Germanien ist nicht Syrien. Hinzu kommt, dass das Bild, das Varus von den Germanen hat, herabwürdigend und menschenverachtend ist. Velleius charakterisiert ihn so: »Von den Bewohnern Germaniens war er der Meinung, dass an ihnen außer der menschlichen Stimme und menschlichen Gliedmaßen sonst nichts Menschliches sei. Da man sie durch das Schwert allein nicht bändigen könne, müsse man dies durch Rechtsprechung nach römischer Manier tun. ... Mit diesem Vorsatz kam er nach Germanien.«

Varus weiß sehr wohl, wie unterschiedlich die germanische und die römische Welt sind. Einer hoch entwickelten Zivilisation und Kultur, einem straff organisierten Staat, einer großen, schlagkräftigen Armee mit ausgezeichneter Disziplin und hervorragender Ausrüstung, kurz: einer Weltmacht, steht ein einfaches Bauernvolk mit ausgeprägtem Individualismus und Freiheitswillen gegenüber, das weder Staat noch Verwaltung kennt und auch keine aufgeschriebenen Gesetze. Aber die Germanen haben streng beachtete Sitten und Gebräuche, die für sie selbstverständlich sind. Eine Generation gibt sie an die andere weiter. Insofern existiert auch bei ihnen eine festgefügte Ordnung, in deren Mittelpunkt die Familie und Sippe steht. Ihr gilt all ihr Denken und Streben. Von größter Bedeutung ist auch die Ehre, ohne die nach ihrer Überzeugung keiner leben kann.

Doch für all diese Besonderheiten entwickelt Varus wenig Gespür, als er mit dem Prozess der Romanisierung in den germanischen Gauen beginnt. Im Laufe des Sommers 9 n. Chr. beschleunigt er seine Maßnahmen, ohne das überkommene germanische Stammesrecht zu respektieren. Er erteilt den Germanen Befehle, als wären sie römische Sklaven. Römische Beamte kontrollieren ihre Versammlungen und mischen sich sowohl in stammesinterne als auch stammesübergreifende Konflikte ein. Sie kontrollieren den Warenverkehr und üben gesteigerten Druck auf die Bewohner aus, um ihre sozialen Bindungen und Interessen schneller an das römische Rang- und Wertesystem anzupassen. Varus selbst ist es, der hochmütig auf seinem Richterstuhl sitzt, durch die Lande zieht und überall rigoros Recht spricht, nach römischen Gesetzen und in lateinischer Sprache. Erfüllt von einer Art Sendungsbewusstsein und der Überzeugung, an der Front der römischen Zivilisation zu stehen, spricht er Strafen aus – Leibes- und Todesstrafen – und lässt sie auch vollziehen. Die Germanen schütteln die Köpfe, sie verstehen das nicht, diese schroffen Gegensätze zu ihrem uralten

Stammesrecht. Und als Varus auch noch dazu übergeht, von ihnen wie von Untertanen Steuern einzutreiben, werden sie zornig. Da sie kaum Geld besitzen, müssen sie Naturalien abgeben, vor allem Felle und Vieh.

»Solange sie allmählich und behutsam umlernten, fiel ihnen der Wechsel ihrer Lebensweise nicht schwer«, schreibt Cassius Dio. Jetzt aber erinnern sie sich an die Sitten ihrer Väter, die sie nicht vergessen haben und auch nicht ihre »angeborene Lebensart, ihre unabhängige Lebensweise und die Macht ihrer Waffen.«

Varus erkennt nicht, dass er die Germanen nicht auf die gleiche Weise behandeln kann wie die Syrer. Er denkt keinen Augenblick daran, welche Folgen seine harten und ohne jede Vorbereitung durchgeführten Maßnahmen haben können. Vielleicht war er auch zu dumm, um zu begreifen, dass der römische Helm, den er der neuen Provinz rasant und rüde überstülpte, gar nicht auf den germanischen Kopf passte. Selbst wenn er zur Durchsetzung der Romanisierung der Germanen von höchster Stelle autorisiert war – die Art und Weise, in der er es tat und mit der er im Sommer des Jahres 9 n. Chr. die germanischen Stämme herausforderte und ihr Ehrgefühl verletzte, war ein schwerer Fehler. Können Sie das nachvollziehen? Fein, dann können wir uns an das Kapitel heranwagen, das sich mit den Folgen dieses Fehlers befasst und in dem ein Mann in den Vordergrund rückt, der das weitere Geschehen bestimmt: Armin, der Cherusker.

6
Der grosse Plan des Arminius

Vielleicht sollte ich für Sie zunächst einmal einen Tusch blasen, um anzukündigen, dass jetzt wieder ein Held naht. Jedenfalls hat der überwiegende Teil der deutschen Geschichtsschreibung Arminius dazu gemacht. Der Detmolder Geschichts- und Lateinlehrer Hermann Kesting bezeichnet ihn in seiner 1950 erschienenen Schrift, zurückgehend auf die schon bei Tacitus zu lesende Formulierung, sogar als »Befreier Germaniens«, der »unser Deutschland vor dem Schicksal Galliens, der politischen und kulturellen Fremdherrschaft bewahrt hat.« Wir seien keine Romanen geworden wie Franzosen, Portugiesen oder Spanier, meint er mit gewissem Stolz, und das gehe letzten Endes auf Arminius und seine Taten zurück. Wenn Sie nun finden, das klinge ein bisschen nach »Großgermanien« und nationalem Pathos vergangener Zeiten, möchte ich Ihnen nicht widersprechen. Beschränken wir uns deshalb lieber auf die Gestalt des Arminius und sein Tun und Handeln, wie es uns die antiken Quellen überliefert haben.

Die biografischen Details, die wir von Arminius kennen, sind etwas umfangreicher als die über Varus. Das liegt vor allem daran, dass jener Reiterführer Velleius Paterculus, den ich hier schon mehrfach zu Wort habe kommen lassen, ihn persönlich gekannt hat. Wahrscheinlich hat Arminius in den Jahren 6 bis 7 n. Chr. zusammen mit ihm in Pannonien und Armenien an den Kämpfen der Römer teilgenommen, und möglicherweise haben sie ihm deshalb den römischen Namen Arminius gegeben. Der griechische Geograf und Geschichtsschreiber Strabon (lat. Strabo), der zur selben Zeit lebte, spricht in seinem großen 17-bändigen Werk deshalb auch von »Armenius«. Fest steht aber auch, dass Velleius nicht zu den drei Legionen des Varus gehörte, die im September 9 n. Chr. das Sommerlager bei Minden am Fluss Visurgis, der heutigen Weser, verließen. Deshalb ist er auch kein Augenzeuge der Schlacht im Teutoburger Wald. Vermutlich ist er weder im Sommerlager an der Weser noch in Aliso (Haltern) an der Lupia, der Lippe, gewesen. Doch Arminius hat er persönlich gekannt. Er schreibt, Arminius sei ein Spross des angesehensten Geschlechts der Cherusker gewesen: »Tapfer, schnell und gewandteren Geistes, als es die Barbaren gewöhnlich sind, leuchtete die Kraft dieses Geistes aus seinen Augen.«

Wie der germanische Name des Arminius lautete, berichtet allerdings auch Velleius nicht. Sicher ist nur, dass er nicht Hermann hieß. Dieser Name kommt erstmals im Umfeld Martin Luthers auf, was wir später noch eingehender betrachten wollen. Heute steht sprachenwissenschaftlich fest, dass Arminius keine Latinisierung des deutschen Namens Hermann sein kann. Der latinisierte Hermann hieße »Chairomannus«. Deshalb trägt das 1875 von Kaiser Wilhelm I. auf der Grotenburg im Teutoburger Wald feierlich eingeweihte »Hermannsdenkmal« einen falschen Namen. Ich werde auf den darum herum entfachten nationalen Mythos und den Arminiuskult am Schluss des Buches noch ausführlicher zurückkommen. Jetzt wollen wir uns dem Arminius so widmen, wie er sich uns in den antiken Quellen darstellt.

Wann genau er geboren ist, ist umstritten. Höchstwahrscheinlich ist es das Jahr 16 v. Chr. gewesen, das Jahr, in dem die verbündeten Brukterer und Tenkterer im Raum Köln/Aachen die Armee des Marcus Lollius besiegten. Denn Tacitus sagt in seinen »Annalen« (II,88), Arminius habe 37 Jahre gelebt, davon zwölf im Besitze der Macht. Wenn diese 9 n. Chr. mit dem Sieg über die Römer begründet wurde, lässt sich rückfolgern, dass Arminius 16 v. Chr. geboren und 21 n. Chr. gestorben ist. Sein Vater Segimer (oder Sigimer) hatte im Stamm der Cherusker eine hohe Stellung inne. Velleius bezeichnet ihn als *princeps*, was übersetzt so viel heißt wie »Fürst«. Der Name der Mutter ist nicht bekannt. Sein Vater ist unter den Cheruskern zu der Zeit, als erst Drusus und dann Tiberius mit ihren Armeen durch Germanien ziehen, ein Gegner der pro-römischen Partei, die es in diesen Jahren bereits gibt. Segimer ist von Anfang an gegen eine Zusammenarbeit mit den Römern. In den Bestrebungen, die cheruskische Unabhängigkeit zu bewahren beziehungsweise wiederherzustellen, spielt er, wie Cassius Dio berichtet, eine wichtige Rolle. Um so erstaunlicher ist es, dass Segimer den Römern seinen Sohn Arminius zur Erziehung und militärischen Ausbildung anvertraut. Zusammen mit dessen jüngerem Bruder Flavus schickt er ihn direkt nach Rom. Möglicherweise ist der Einfluss eines anderen Cheruskerfürsten – oder sagen wir germanischen Gaugrafen – die Ursache dafür gewesen. Er heißt Segestes und ist ein echter Römerfreund, der fest auf der Seite Roms steht und ständig im Gefolge des Quinctilius Varus zu finden ist. Wir werden ihm in dieser Eigenschaft gleich – in der entscheidenden Phase des Jahres 9 n. Chr. – wieder begegnen.

In Rom erlernt Arminius schnell die lateinische Sprache. Er ist intelligent und begabt, und die Römer mögen ihn nicht nur wegen seiner hellen blauen Augen und blonden Haare. Er zeigt auch taktisches und strategisches Verständnis und fällt durch besondere Führungsqualitäten auf. Bald ist er mit allen Feinheiten des römischen Militärwesens so vertraut, dass ihm schon 4 n. Chr. im Alter von nur 20 Jahren das Kommando über eine cheruskische Reiterabteilung anvertraut wird, die in römischen Diensten steht. Er erwirbt das römische Bürgerrecht und wird, wie Velleius festhält, von Augustus in den Stand eines römischen Ritters erhoben. Als in den Jahren 6 bis 7 n. Chr. auf dem Balkan der pannonische Aufstand ausbricht, ist er mit seinem Truppenverband an der Niederschlagung beteiligt. Dadurch steigt nicht nur das Vertrauen der Römer in ihn noch mehr an, sondern weithin auch sein Ruf als sehr zuverlässiger Bundesgenosse.

Wir wissen nicht genau, wann Arminius nach Germanien zurückgekehrt ist. Vermutlich geschah dies zwischen 7 und 8 n. Chr. Als er wieder in seiner Heimat ist, dem Cheruskerland zwischen Weser und Elbe, findet er völlig veränderte Verhältnisse vor. Mit Wehmut im Herzen muss er wahrnehmen, dass seine geliebte Jugendfreundin Thusnelda mit einem anderen Germanen verlobt ist. Aber noch größer ist seine Bestürzung, als er schon nach kurzer Zeit feststellt, dass seine Heimat im Begriff ist, sich in eine reguläre römische Provinz zu verwandeln. Er muss mit ansehen, mit welch brutaler Härte und unerbittlicher Rücksichtslosigkeit der neue römische Statthalter Quinctilius Varus vorgeht. Begegnen die Germanen der fremdem römischen Rechtspraxis schon im Zivilprozess, in den Fragen über Mein und Dein, mit großem Unverständnis, so entzündet sich der Volkszorn erst recht an der römischen Strafgerichtsbarkeit. Freie Germanen werden wie elende Sklaven ausgepeitscht oder kniend mit dem Beil geköpft. Arminius registriert die dumpfe Wut seiner Landsleute über Unrecht und Unterdrückung sehr genau. Und er findet auch schnell heraus, dass der römische Statthalter nicht nur ein korrupter Lebemann ist, der sich ausschweifenden Genüssen hingibt und bei manchem Geschäft auch in die eigene Tasche wirtschaftet, sondern dass er auch ein fanatischer Unterdrücker ist, der jedes Gespür für die Gefühle der freiheitsliebenden, stolzen germanischen Bevölkerung vermissen lässt. Er beginnt, den Hochmut und die Willkür des Quinctilius Varus, der sich offenbar für einen großen Richter hält, ebenso zu hassen wie sein grausames Regiment. Und in seinem Kopf reifen erste Überlegungen, was die Cherusker dagegen unternehmen könnten. Und nicht nur sie, sondern alle germanischen Stämme.

Wie Arminius nun im Einzelnen vorgegangen ist, entzieht sich unserer Kenntnis, denn die Vorbereitungen wurden ja insgeheim getroffen. Aber wir können uns in etwa vorstellen, was im Sommer des Jahres 9 n. Chr. abgelaufen ist: Eine große Thingversammlung wird einberufen, der Thingstab, der aussieht wie der Hammer des Thor, geht von Gau zu Gau, von Mark zu Mark, von Siedlung zu Siedlung, von Haus zu Haus. Der Thingfrieden wird verkündet, alle Streitigkeiten müssen ruhen. Man hat bis zu einer Vollmondphase gewartet, denn nach festem Volksglauben üben bestimmte Mondphasen auf das Gelingen eines Unternehmens oder auf das Schicksal des Menschen überhaupt einen günstigen Einfluss aus. Die geladenen Stammesvertreter erscheinen mit ihren Waffen und Pferden auf dem großen Thingplatz, dessen heilige Eichen dem Thor geweiht sind. Auch die Thingmannen der verbündeten Stämme sind mit ihrem Gefolge gekommen. Adganester, Catumer und Ucromer, die Fürsten der Chatten, sind zu sehen, und Mallovendus, der Marserfürst. Die Abgesandten der Brukterer sind ebenso da wie die der Angrivarier, Tenkterer, Friesen und Chauken. Eine derart große Thingversammlung hat es lange nicht gegeben. Vermutlich hat sie in Icker stattgefunden, einem weit verstreuten, in einer Senke gelegenen Dorfwesen südlich des Wiehengebirges. In der Mitte des Platzes, neben dem Opferstein, sitzen die Fürsten der Cherusker: Segestes, Inguiomar und Arminius selbst. Der Richterstuhl seines Vaters Segimer bleibt leer, denn er ist vor Kurzem gestorben. Den alten Riten gemäß wird Wodan feierlich ein Tier geopfert und sein Blut auf die Amulette und Fetische gesprenkelt. Dann beginnt Segestes, der älteste der Cheruskerfürsten, zu sprechen.

Da er ein Freund der Römer ist, ein treuer Bundesgenosse des Augustus, spricht er sich dagegen aus, etwas gegen die Römer zu unternehmen. Ein allgemeiner Aufstand sei vollkommen aussichtslos, und es käme geradezu einem Selbstmord gleich, die Weltmacht Rom offen herauszufordern, sagt er mit lauter, weit hallender Stimme. »Wir können sie nicht aus Germanien vertreiben! Und wir dürfen es auch nicht, denn wir Cherusker sind ihre Verbündeten und sie vertrauen uns. Wenn wir es doch versuchen sollten, wäre das ein schändlicher Verrat, für den ich mich nicht hergebe. Außerdem haben wir nicht die geringste Chance gegen sie. Dafür sorgen allein schon die mächtigen fünf Legionen des Quinctilius Varus, die in Nordgermanien stationiert sind! Und danach würden wir größten Repressalien ausgesetzt sein!« Kaum hat er Varus' Namen erwähnt, geht ein Gemurre durch die Reihen. Varus, dieser Ausbeuter und Unterdrücker! Der Schurke! Hasserfüllte Rufe erschallen. »Er hat uns gar nichts zu befehlen!« »Wir sind freie Germanen!«

Arminius spürt, dass jetzt seine Stunde gekommen ist, der Moment, in dem er das Wort ergreifen muss. Aber er spürt auch das Misstrauen, das ihm entgegenschlägt, einem Führer römischer Truppen, der sich innerhalb weniger Monate zum Vorkämpfer germanischer Unabhängigkeit gemacht hat. Sein Anblick ist ungewohnt, als er sich mit einem Ruck erhebt und mit kräftiger, alles übertönender Stimme zu sprechen beginnt. Statt der römischen Rüstung trägt er germanische Tracht, lange Wollhosen, einen weiten Mantel und kostbare Felle. Seinen Hals schmückt eine hübsche Bernsteinkette. Wütend stößt er seinen Speer in die Erde. Fast alle anwesenden Thingmänner wissen, dass er mit Segestes im Streit liegt, und zwar aus ganz persönlichen Gründen. Segestes ist der Vater von Thusnelda, der Frau, die Arminius liebt, und er hat sich beharrlich geweigert, sie ihm zur Frau zu geben. Nun werden Hass und Zorn aus ihm herausbrechen, denken die meisten, und er wird Segestes in seiner Rede offen angreifen. Umso erstaunter sind sie, als er mit zustimmenden Worten beginnt, allerdings ohne Segestes eines Blickes zu würdigen.

»Segestes hat vollkommen Recht! Es stimmt, Rom ist stark und mächtig! Ich habe es mit eigenen Augen gesehen. Und Varus' fünf Legionen zählen zu den besten, die Rom überhaupt hat. Drei davon, die 17., 18. und 19. Legion, sind, wie ihr sicherlich wisst, ganz in unserer Nähe, im Sommerlager an der Weser. Das sind rund 20.000 bestens ausgebildete Soldaten, die in offener Feldschlacht kaum zu besiegen sind. Ich kenne ihren Drill, ihre Disziplin und ihre Kampfkraft genau. Es stimmt vollkommen, Rom ist stark und mächtig!« Er zieht seinen Speer aus der Erde und nimmt ihn in die erhobene rechte Hand, so, als wolle er ihn jeden Moment losschleudern. Seine Stimme beginnt anzuschwellen.

»Aber es stimmt auch, dass auch wir stark sein können, wenn wir uns einig sind! Die Römer haben begonnen, uns zu unterjochen. Und sie werden es auch schaffen, Stamm für Stamm, Gau für Gau, wenn wir untereinander unsere kleinen Streitigkeiten fortsetzen und ihnen weiterhin sogar Hilfstruppen stellen. Das muss ein für allemal ein Ende haben! Wir Cherusker wollen uns nicht länger von unseren angeblichen Freunden ausplündern lassen, diesem herrschsüchtigen Blutsauger und Säufer Varus, nein, wir müssen endlich anfangen, entschlossenen Widerstand zu leisten! Lieber wollen wir untergehen, als diesen unwürdigen Zustand auf Dauer ertragen! Lieber tot als Sklave!«

Arminius macht eine Pause und blickt in die Runde. Befriedigt stellt er fest, seine leidenschaftlichen Worte haben gesessen, immer mehr Thingmänner nicken mit den Köpfen und murmeln ihre laute Zustimmung. Nur Segestes hat zornig die Versammlung verlassen. »Welchen Plan hast du, Sohn meines Bruders Segimer?«, fragt Inguiomar. »Wenn er gut ist, werden wir abstimmen und dir wahrscheinlich folgen!« Arminius weiß, sein Onkel ist kein Römerfreund, mit ihm und seinen Kämpfern wird er wohl rechnen können. Doch er muss auch die Führer der anderen Stämme gewinnen. Marbod und die Markomannen wird er leider abschreiben müssen – er ist gar nicht erst erschienen.

»Während meiner Jahre in Rom habe ich auch einige Griechen getroffen«, fährt Arminius fort. »Sie erzählten mir von ihrem Helden Odysseus, der während des Krieges gegen Troja die vergeblich belagerte Stadt mit einer List erobert hat. Er ließ ein großes hölzernes Pferd bauen und schenkte es den Trojanern mit dem Versprechen, der Krieg sei nun beendet. Die griechischen Schiffe segelten tatsächlich ab, doch nur zum Schein. Im Innern des Pferdes waren die tapfersten griechischen Krieger einschließlich des Odysseus verborgen. Die Trojaner fielen auf die Täuschung herein. Sie brachen ein Loch in die starke Stadtmauer und zogen das Pferd herein. In der Nacht kletterten die Griechen heraus und metzelten zusammen mit dem zurückgekehrten Heer die schlafenden Trojaner nieder. Am nächsten Tag war das tapfere Troja nur noch ein rauchender Trümmerhaufen. Mit einer ähnlichen List müssen auch wir es versuchen!« Er legt die rechte Hand auf sein Herz, seine Stimme überschlägt sich nun fast. »Wenn sich dem vermeintlich Schwachen und Kleinen die List als letzte Hilfe anbietet, sein Heil in einem mutigen, verzweifelten Schlag zu suchen, dann tritt die List der Kühnheit zur Seite und kann ungeheure Erfolge erringen!«

Atemlose Stille liegt über dem weiten Platz. Da erfasst ein heftiger Windstoß die hohen Kronen der alten Bäume. Ist dieses plötzliche Rauschen in den Eichen Donars ein Zeichen der Asen? Es vermengt sich mit einem dumpfen Dröhnen und Trommeln, das immer lauter anschwillt und schließlich sogar das Rauschen der Eichen übertönt: Die meisten Männer schlagen mit ihren Waffen gegen ihre Schilde. Das ist ein Zeichen der Zustimmung.

Arminius tritt langsam auf Mallovendus zu, den Fürsten der Marser. »Ich habe alles lange und reiflich überlegt. Ihr Marser spielt in meinem Plan eine wichtige Rolle. Denn ihr seid der Köder, mit dem wir Varus in eine Falle locken werden! Ihr müsst gegen ihn einen Aufstand vortäuschen, und zwar gerade dann, wenn er mit seinen drei Legionen das Sommerlager an der Weser verlässt, um über Aliso in die Winterquartiere am Rhein zurückzukehren. Wir locken die römischen Legionäre tief in unwegsame und für sie unübersichtliche Waldgebiete, die sie nicht kennen, in denen sie noch nie gewesen sind und in denen sie ihre Kampfkraft nicht entfalten können. Dort überfallen wir sie mit vereinten Kräften! Die Legionen werden mit ihrem umfangreichen Tross in lang auseinandergezogenen Kolonnen marschieren, so dass wir ihre einzelnen Einheiten nacheinander angreifen und vernichten können, und zwar so, dass wir an den jeweiligen einzelnen Stellen immer in der Überzahl sind. Das werden wir so lange tun, wenn nötig tagelang, bis kein einziger Römer mehr am Leben ist! Den genauen Schlachtplan werde ich noch entwerfen und mit euch beraten. Aber ich habe den Ablauf schon im Kopf. Wir werden den Römern eine schwere Niederlage bereiten, die schlimmste seit ihrer Niederlage gegen Hannibal im Jahre 216 v. Chr. bei Cannae!«

Die meisten der anwesenden Thingmänner haben zwar noch nie etwas von Cannae und Hannibal gehört. Doch das macht nichts, solche Worte und die Erwähnung offenbar bedeutender fremder Namen schinden Eindruck. Wieder trommeln die Waffen gegen die Schilder, noch lauter als vorher. Arminius macht erneut eine kleine Pause, um seine Worte wirken zu lassen. »Spätestens dann, wenn die Blätter an den Bäumen beginnen, sich gelb und braun zu färben, wird Varus aufbrechen. Wir haben also nicht mehr viel Zeit! Ich selber werde mich zu Varus begeben, um ihm meine Dienste und die der mir unterstehenden Reitereinheiten anzubieten. Er wird diese vermeintliche Hilfe gern annehmen. Ich kenne ihn ziemlich gut. Er sieht in mir nach wie vor einen loyalen Kommandeur und Verbündeten und vertraut mir. Erst vor Kurzem hat er mir vertraulich mitgeteilt, er habe einen neuen Befehl aus Rom erhalten.

Demnächst müssen alle Cherusker, die nicht unter den römischen Adlern dienen und kämpfen wollen, ihre Waffen abgeben. Meine Männer haben das mit großer Verbitterung aufgenommen!«

Macht er das nicht außerordentlich geschickt, dieser junge Arminius? Er weiß genau, mit diesem letzten Satz bringt er die letzten Zweifler unter den Stammesführern auf seine Seite. Denn nun wird ihnen bewusst: Arminius ist ja nicht allein! Seine Soldaten, die besten germanischen Krieger, geschult in römischer Strategie und Taktik und kampferprobt aus den Schlachten in Pannonien, werden den Kern, das Rückgrat der Erhebung bilden!

Wieder nimmt Arminius seinen Speer in die Hand und ritzt mit der Spitze einige Linien und Zeichen in den Waldboden. »Meine Truppen werden Varus zu einem bestimmten Zeitpunkt genau dahin führen, wo wir ihn haben wollen, in einen Engpass. Germanen, Männer dieses Things, dann schlagt ihr mit vereinten Kräften und von allen Seiten zu! Ich werde euch die Orte, an denen ihr euch vorher rechtzeitig und unbemerkt versammeln müsst und von denen aus ihr angreifen werdet, noch benennen. Und auch den Tag, an dem der Angriff beginnt. Voraussichtlich wird es der kommende 9. September sein!«

Die Männer schauen sich verblüfft an. Soweit ist also alles schon gediehen? Das ist ja unglaublich! Dieser große Plan hört sich nicht nur gut an, er könnte auch gelingen! Arminius wechselt unvermittelt die Tonlage und spricht jetzt viel leiser, so, als wolle er damit unterstreichen, um welch einzigartige Verschwörung es sich hier handelt. »Es versteht sich von selbst, meine germanischen Brüder, Thingmänner aller Stämme, dass dieser Plan streng geheim bleiben muss! Wer nicht auf unserer Seite ist, wer unser Vertrauen nicht besitzt und uns möglicherweise sogar verraten will, den werden wir rechtzeitig festnehmen und zu unserem Gefangenen machen, so wie das bereits mit einem der Führer der Angrivarier geschehen ist. Ich habe Boioculus gefangen nehmen lassen, nicht, weil er an diesem Thing nicht teilnehmen wollte, sondern weil er im Begriff war, den Römern unsere Zusammenkunft zu verraten!«

Das ist das Tüpfelchen auf dem »i«! Diese Entschlossenheit und Umsicht des Arminius, sein Charisma und seine klugen, mitreißenden Überlegungen überzeugen alle. Arminius setzt sich durch. Das ist eine höchst erstaunliche Tatsache, geradezu eine Meisterleistung. Denn er ist erst 23, der jüngste unter den lebenserfahrenen und hoch angesehenen Stammesführern zwischen Rhein und Elbe. Mit einem Schlag ist er zu ihrem Anführer geworden, zum unverzichtbaren Haupt eines ungeheuren Komplotts. Begeistert kreuzen die Männer ihre Speere und brechen, getreu einer alten germanischen Sitte, in Heilrufe aus. Nach zentraler, tief verwurzelter Vorstellung der germanischen Geisteswelt ist ein Leben ohne Heil gar nicht denkbar. Das Heil ist eine Gabe der Götter, die man sich wünschen, vor allem aber haben muss. Man ruft es sich gegenseitig zu: Jagdheil, Ernteheil, Fahrt- oder Windheil oder Kriegs- und Siegheil. Bitte denken Sie nun nicht an die Heilrufe einer anderen Zeit, die noch gar nicht so lange zurückliegt, an ein »Sieg Heil!« und ein »Heil Hitler!«, das Sie vielleicht selbst oder das Ihre Eltern miterlebt haben und an dessen Ende der totale Untergang unseres Landes stand. Wir schreiben das Jahr 9 n. Chr., und die Heilrufe, die hier ertönen, sind das Signal für einen heroischen Befreiungskampf!

7
Gefährliches Doppelspiel

Ende August, vielleicht auch erst Anfang September 9 n. Chr. erscheint Arminius mit seinen Reitertruppen im römischen Sommerlager an der Weser in der Nähe des heutigen Minden und der Porta Westfalica. Bei Cassius Dio finden wir den Hinweis, dass der Marsch der drei römischen Legionen bis zum Ort der Schlacht vier Tage gedauert hat. Da die durchschnittliche Marschleistung einer römischen Legion unter normalen Gelände- und Wetterbedingungen zwischen 20 und 25 Kilometern pro Tag lag, kann die Entfernung zwischen dem Sommerlager und dem Ort der Schlacht – unter Berücksichtigung der widrigen Verhältnisse – nicht größer als 60 bis 70 Kilometer gewesen sein.

Als Arminius mit seinem Gefolge auf das Lager zureitet, ist er von seinem Ausmaß beeindruckt. Es ist quadratisch angelegt und ringsum durch eine dicke Mauer aus übereinander geschichteten Baumstämmen, einen Graben sowie einen aufgeschütteten breiten Erdwall geschützt. Vor diesem Wall haben zahlreiche Marketender ihre Zelte aufgeschlagen. Sie bieten all das an, was die Legionäre brauchen können: Kleider und Stiefel, billige oder auch teure Mittel zum Heilen von Wunden und Krankheiten, Mittel zum Putzen der Waffen und einige Leckerbissen, mit der die zwar reichliche, aber doch recht eintönige Lagerverpflegung aufgebessert werden kann. Ein paar Händler versprechen hohe Preise für die Kriegsbeute, die sie den Soldaten abkaufen wollen, insbesondere für fremdartige Kunstgegenstände, kräftige Sklaven und hübsche Sklavinnen. Arminius sieht auch Dirnenzelte und Buden, in denen Vergnügungen aller Art offeriert werden. Er passiert das Haupttor und reitet die mehrere hundert Meter lange *via praetoria* hinunter, die die Mitte des vorderen Lagerteils durchquert und direkt zum *praetorium* führt, dem Feldherrnzelt. Zu beiden Seiten dieser Lagerstraße befinden sich die Zelte der Offiziere und Unteroffiziere, der Tribunen und Legaten sowie die Pferdeställe. Die Legionäre und Reiter sind im hinteren Teil des Lagers untergebracht, ebenso der Quästor, der die Kriegskasse verwaltet, und der gesamte Tross. Der Platz, auf dem das Zelt des Quinctilius Varus steht, ist allein 60 Meter breit und 60 Meter lang. Davor erhebt sich ein Opferaltar. Die Wachen salutieren, als Arminius das Zelt betritt. Er ist ja immerhin ein römischer Ritter.

Wie von ihm in der Thingversammlung vorausgesagt, empfängt ihn Quinctilius Varus mit offenen Armen. Er hat die purpurne Feldherrntoga und den ordenverzierten Brustpanzer angelegt, und vielleicht hat er sogar seinen Federbuschhelm auf, als er Arminius vor dem Zelt begrüßt und zu der von diesem erbetenen Audienz hineinbittet. Varus ist höchst angetan davon, dass Arminius aus freien Stücken zu ihm gekommen ist und, ohne dass dazu ein ausdrücklicher Befehl vorlag, ihn mit seinen kampfstarken germanischen Kriegern auf dem mehrtägigen Marsch in das Winterquartier unterstützen will. Varus wertet das als erneutes Zeichen seiner Bündnistreue und Loyalität, ja seiner Freundschaft. Im Lager herrscht frohe Aufbruchstimmung. Die Soldaten freuen sich, dass es endlich wieder nach Westen geht, zurück an den Rhein in die Festung Castra Vetera (Xanten), wo Asprenas, der Neffe des Varus, mit nur wenigen Besatzungssoldaten zurückgeblieben ist. Irgendwelche Befürchtungen kommen nicht auf, warum auch? In Germanien ist es den ganzen Sommer hindurch ruhig geblieben. Und wenn erst die gut ausgebaute und sogar durch einige Wachtürme gesicherte Marschstraße erreicht ist, die vom Lager Aliso (Haltern) die Lupia (Lippe) entlang bis zu ihrer Mündung in den Rhenus (Rhein) führt, hat man es so gut wie geschafft. Bis Aliso sind die Wege zwar beschwerlich, das wissen die Soldaten, aber was kann da schon passieren? Nun werden ihre drei Legionen sogar noch durch ein Truppenkontingent der Cherusker verstärkt, die zunächst die Vorhut bilden sollen. Insgesamt bestehen die Hilfstruppen aus sechs Kohorten, einer ansehnlichen Streitmacht. Und dann sind da ja auch noch die römischen Reiter, drei Regimenter (Alen) mit 3000 Mann, kampferfahren und bestens ausgebildet. Nein, Anlass zur Sorge gibt es nicht, die Römer fühlen sich vollkommen sicher.

»Salve, Quinctilius Varus!« Arminius betritt das Zelt des Feldherrn und grüßt ehrerbietig. »Salve Arminius, sei willkommen! Womit kann ich dich diesmal erfreuen? Ein paar Früchte, ein Glas Wein? Oder lieber eine hübsche, schlanke, zu allem bereite Sklavin, die wir aus Pannonien mitgebracht haben?« Er lacht lauthals und weist Arminius einen Platz neben sich zu. »Sind deine sechs Kohorten, mit denen du mich auf dem Weg nach Castra Vetera begleiten willst, einsatzbereit? Wir werden bald aufbrechen.« Arminius sieht ihn an. Seine hellblauen, leuchtenden Augen blicken durchdringend in das aufgedunsene, rötliche Gesicht des Varus, das leichte Zucken um die Mundwinkel bleibt ihm nicht verborgen. »Ja, sie stehen zu deinen Diensten. Aber eigentlich brauchst du sie gar nicht. In Germanien ist alles ruhig. Fast alle Stämme stehen fest zu dir, es herrscht Frieden, und du marschierst durch Freundesland!« Varus nickt, nimmt eine Feige von der Obstplatte vor ihm und beißt hinein. »Ja, das stimmt. Germanien ist zu einer römischen Provinz geworden. Bald kann ich nach Rom zurückkehren.« Er lehnt sich befriedigt zurück. »Nur ein paar Marser verbreiten zur Zeit etwas Unruhe.« Abrupt hört Varus mit dem Kauen auf und zieht die Augenbrauen hoch. »Wo?« »Im Gebiet nördlich von Aliso. Aber das ist unbedeutend und muss dich nicht beunruhigen.« »Wie viele sind es?« fragt er mit einem lauernden Gesichtsausdruck. Arminius beugt sich etwas vor. »Ein paar Tausend!« Varus springt auf. »Waaas? So viele, und das erfahre ich erst jetzt?« »Meine Kundschafter haben mir das auch erst gestern gemeldet«, entgegnet Arminius ruhig und darauf bedacht, seine Worte genau zu dosieren. »Die Marser sind wenig kampferfahren, Varus. Außerdem sind sie noch in ihrem Gau und beschränken sich zur Zeit darauf, in Thingversammlungen gegen Rom zu hetzen und zu einem allgemeinen Aufstand aufzurufen. Ich glaube nicht, dass es dazu kommt und dass wir eingreifen müssen!« Arminius scheint es so, als breite sich eine leichte Blässe über Varus' feiste Wangen aus. »Aber sie könnten jeden Augenblick losmarschieren und andere Stämme mitreißen!«, entgegnet er mit lauter Stimme, die auch andeuten soll, er dulde keinen Widerspruch. Arminius bleibt dennoch seiner Taktik treu. »Das glaube ich nicht, mein Varus!« Und nach einer kleinen Pause: »Ganz ausschließen kann ich das allerdings nicht! Ich könnte ein, zwei Kohorten dorthin abstellen, um das zu kontrollieren.«

Varus winkt einen Ordonanzoffizier zu sich heran und befiehlt ihm, sofort die beiden Präfekten Seionus und Lucius Eggius, die ranghöchsten Offiziere nach ihm, mit Landkarten Germaniens zu ihm zu bringen. »Ein, zwei Kohorten! Das ist doch lächerlich, damit ist es nicht getan! Ein solcher Schwelbrand ist gefährlich, Arminius. Wir müssen ihn im Keim ersticken, bevor er sich zu einem Krieg ausbreiten kann. Ich kenne das aus Syrien. Da habe ich den Aufstand der Juden auch sofort mit aller

Härte niedergeschlagen!« Arminius schweigt, ein weiterer Widerspruch würde vielleicht Verdacht erregen. Seine Saat scheint ja aufzugehen. Nun greift auch er zu einer Feige und beißt langsam ein Stückchen ab, so, als sei überhaupt nichts geschehen.

Seionus muss die große Karte vor dem Feldherrn entrollen. Varus tippt mit seinem dicken Finger mehrmals auf einen Punkt. »Aliso also! Hier, sagst du, versammeln sich die Marser? Wo genau?« Arminius beugt sich über die Karte, die ziemlich ungenau ist, wie er sofort sieht. Aber die große befestigte Heerstraße von Aliso nach Castra Vetera ist ebenso eingezeichnet wie die ins Sommerlager führende römische Straße im Norden des großen Waldgebiets. »Etwa hier!« Er legt die flache Hand mitten auf die grüne Fläche zwischen beiden Straßen und deutet auf eine Stelle, die er vorher genau festgelegt und in den Beratungen mit seinen Vertrauten als geeignetsten Ort für den Hinterhalt ausgewählt hat. »Das ist ja nicht weit entfernt von unserer Marschroute«, stellt Varus fest. »Wir könnten hier abzweigen, einen kleinen Umweg nach Süden machen und die wilden Kerle zur Räson bringen!« Er deutet auf sein Schwert. »Das wird unseren Rückmarsch an den Rhein nur unwesentlich verzögern. Die kleine Operation wird schnell erledigt sein!«

Lucius Eggius runzelt die Stirn. »Ja, mein Feldherr, das könnte sein. Aber ich gebe zu bedenken, dass dies hier ein sehr unzugängliches Waldgebiet zu sein scheint, das wir überhaupt nicht kennen, ohne feste Wege und fernab bewohnter Gebiete! Wir müssten tief eindringen und könnten mit unserem Tross leicht stecken bleiben oder uns verirren!« Varus denkt einen Augenblick nach. »Kennst du dieses Gebiet, Arminius?« »Ja, ganz gut. Ich bin da früher oft zur Jagd gewesen.« Varus zeichnet mit dem Finger eine Linie von der Straße im Norden in den Wald hinein. »Dann wirst du mit deinen Kohorten vorausgehen und uns mit deinen Reitern den Weg weisen. Schicke Späher voraus, du bist unsere Vorhut!« Den letzten Satz sagt er mit einer Betonung, die keine andere Auslegung zulässt als ein »Ist das klar?«. Was wird Arminius darauf geantwortet haben? Wahrscheinlich ein erleichtertes »Zu Befehl, mein Feldherr!«, oder etwas Ähnliches. *Res iudicata*, die Sache ist entschieden, der Feldherr hat gesprochen. Varus ist in die Falle gegangen. Nun muss sie nur noch zuschnappen. Velleius Paterculus notiert: »Die Germanen verleiteten den Quinctilius zu äußerster Sorglosigkeit.«

Arminius hat den Zeitpunkt, in dem er Varus mit dieser beiläufigen fingierten Mitteilung täuscht, genau berechnet und auf seine eigenen

Vorbereitungen und Bereitstellungen abgestimmt. Dadurch beeinflusst er auch den Abmarschtermin der römischen Legionen. Varus will nun keine Zeit mehr verlieren und, wie von Arminius vorausgesehen, das Sommerlager zum Ende der ersten Septemberwoche verlassen. An die Legionäre wird Marschverpflegung für sechs Tage ausgeteilt. Daraus schließen sie, dass es auf ihrem Rückmarsch nach den Planungen ihres Feldherrn keine besonderen Verzögerungen geben wird.

Für den Vorabend des Abmarschtages hat Varus seine Offiziere zu einem Abschiedsmahl in sein Zelt geladen. Auch Arminius soll dabei sein. Am Nachmittag dieses Tages ereignet sich etwas Unvorhergesehenes. Völlig überraschend erscheint Segestes beim römischen Statthalter. Varus sieht in ihm nach wie vor einen seiner zuverlässigsten und ergebensten Verbündeten. Deshalb wird Segestes auch sogleich vorgelassen. Die Szene ist höchst dramatisch, fast ein bisschen gespenstisch. Die drohenden dunklen Gewitterwolken, die sie umhüllen, können sich jeden Augenblick entladen.

Segestes hatte die römischen Kommandeure und insbesondere Varus in den letzten Wochen schon mehrmals darauf hingewiesen, dass die Cherusker und einige andere Stämme einen Aufstand planen. Nun ist er gekommen, um einen letzten, verzweifelten Versuch zu unternehmen, den Feldherrn zu warnen. Eine große Verschwörung sei gegen ihn im Gange, offenbart er ihm. Er nennt die Namen aller beteiligten Stämme und Fürsten und bezeichnet Arminius als das Haupt der Verschwörung. »Arminius ist ein Verräter!«, ruft er erregt. »Er will dich und alle deine Soldaten vernichten! Du musst ihn und alle Stammesführer noch vor dem Aufbruch gefangen nehmen und in Ketten legen lassen, mich nicht ausgenommen! Ohne sie werden die Germanen auf keinen Fall losschlagen!« Varus sieht ihn ungläubig an. Sein spöttisches Lächeln verrät, dass er nicht glaubt, was er gerade gehört hat. »Wir dürfen keine Zeit mehr verlieren, Varus!«, sagt Segestes beschwörend. »Schick deine Beamten und Soldaten sofort los und lass die Anführer festnehmen, allen voran Arminius! Dann kann in einem Verhör in aller Ruhe festgestellt werden, ob sie schuldig sind.«

Varus macht eine abwehrende Handbewegung. Kopfschüttelnd schaut er zu Segestes hinauf, der ihn um mehr als eine Haupteslänge überragt. Sogar der Vorschlag einer sofortigen Untersuchung erscheint ihm absurd. Er weiß um die Reibereien zwischen Arminius und Segestes, um ihren Streit, der sich in letzter Zeit in offene Feindschaft verwandelt hat, und er vermutet, dass der zur Selbstherrlichkeit neigende Segestes seinen Widersacher auf diese Weise aus dem Weg räumen will. Außerdem hat sich Arminius immer wieder bewährt, auch in letzter Zeit. Varus hat ihn gern wie einen eigenen Sohn und schätzt ihn viel zu sehr, als dass er dem Glauben schenken will, was Segestes ihm da auftischt. Nein, für ein derartiges Komplott, für einen Aufstand seiner eigenen Hilfstruppen, gibt es nicht die geringsten Anzeichen. »Da irrst du dich aber gewaltig, mein lieber Segestes! Du wirst alt und siehst Gespenster! Es ist noch gar nicht so lange her, da hast du dich selbst für die Freundschaft des cheruskischen Volkes verbürgt. Und nun bezichtigst du deinen eigenen künftigen Schwiegersohn! Ich nehme doch stark an, dass er es wird, denn Arminius liebt Thusnelda sehr, soviel ich weiß. Nein, nein! Sei unbesorgt, ich habe hier alles unter Kontrolle. Arminius ist mir nach wie vor treu ergeben, so wie du auch. Und nun kein Wort mehr davon! Setz dich, nimm ein Glas Wein und feiere mit uns den Abschied aus unserem Lager. Arminius wird auch gleich hier sein!«

Sie können sich vielleicht denken, was Segestes tut, als er diesen Namen hört. Er macht sich eiligst aus dem Staube. Das Festmahl findet ohne ihn statt, und Varus isst, trinkt und lacht im Kreise seiner Untergebenen, als sei überhaupt nichts vorgefallen. Wen die Götter verderben wollen, den schlagen sie mit Blindheit. Velleius formuliert das so: »Die Gottheit umwölkt die Vernunft derer, die sie vernichten will, und so erscheint hinterher das, was eigentlich Schicksal ist, als Schuld.« Und er fügt mit erhobenem Zeigefinger hinzu: »Niemand stürzt schneller in sein Unglück als der Nichtsahnende, und das Unheil beginnt meistens dann, wenn man sich ganz sicher fühlt.«

Was wiegt nun schwerer, die Treulosigkeit des Arminius, seine Verwegenheit und Verschlagenheit, sein ungeheuerlicher Verrat, der in der ganzen Weltgeschichte seinesgleichen sucht, oder die unglaubliche Ahnungslosigkeit und ausnehmende Sorglosigkeit des Varus, sein tödlicher Leichtsinn? Hält sich beides die Waage? Und noch eine nicht unbedeutende Frage: Wie hat denn Varus reagiert, als Arminius kurz nach den Warnungen des Segestes sein Zelt betritt? Wie ist er ihm begegnet? Leider wissen wir das nicht genau. Aber ich kann mir gut vorstellen, dass es ungefähr so gewesen sein muss: Varus breitet seine Arme aus. »Salve Arminius, Freund des römischen Volkes und seiner Waffen! Oder kann ich mich nicht mehr auf die Treue des cheruskischen Volkes verlassen? Von Segestes habe ich gerade gehört, du seiest ein Verräter und schmiedest ein Komplott gegen mich! Stimmt das?« Arminius verzieht keine Miene und blickt Varus fest in die Augen. »Salve Qinctilius Varus! Welch ein Unsinn! Ich bin und bleibe ein treuer Verbündeter der Römer. Solange ich auch Führer der Cherusker bin, wird sich niemand von uns gegen Rom erheben! Ich liebe Rom und die Römer, das weißt du!« Er macht eine kleine Pause und tritt noch näher an Varus heran. »Und ich bin nicht nur dein aufrechter Untergebener, mein Varus, ich bin dein Freund!« Während er mit der rechten Hand auf sein Herz schlägt, entgeht ihm nicht, dass der Feldherr von leichter Rührung ergriffen ist. Solche Schmeicheleien kommen immer gut an. Sind wir nicht alle dafür empfänglich?

»Ich schätze und bewundere, was du hier in Germanien für uns alle tust, Varus. Ich danke dir dafür, dass du uns das römische Recht nähergebracht und mit deiner weisen Rechtsprechung unseren kleinlichen Händeln ein Ende bereitet hast. Was wir bisher zumeist durch die Gewalt unserer Waffen entschieden haben, wird nun durch Recht und Gesetz beigelegt. Ich werde dich weiterhin bei deiner glorreichen Arbeit nach besten Kräften unterstützen.«

Oha, das ist nun wirklich ziemlich starker Tobak! Und ein plumper dazu. Aber genau das Richtige für diesen Typen. Er merkt nichts, überhaupt nichts. Keinerlei Verdacht, keinerlei Misstrauen. Er ist zu eitel und vielleicht auch zu dumm dafür. Arminius schätzt ihn vollkommen richtig ein. Der gefährliche Moment, in dem alles auf der Kippe zu stehen scheint, ist schon vorüber. Arminius spürt das und setzt sofort nach. »Mit meinen Männern und einigen Truppen der Brukterer und Chatten, die noch zu uns stoßen werden und ebenfalls ganz auf deiner Seite stehen, werde ich dir ab morgen ein sicheres Geleit geben auf dem Weg nach Aliso und Castra Vetera. Wir werden dir helfen, die aufrührerischen Marser schnell zu finden und ihre kleine Erhebung erbarmungslos niederzuschlagen!«

Varus lächelt. Dann geht er auf Arminius zu, umarmt ihn und klopft ihm mehrere Male auf die Schulter. Seine gute Laune ist vollends zurückgekehrt. Scherzend zieht er Arminius in den hinteren Teil seines geräumigen Zeltes, wo ein breiter Tisch mit einem Bronzesockel steht und einige Liegebänke rechtwinklig aufgestellt sind. Seionus und Lucius Eggius, seine beiden Lagerpräfekten, erwarten ihn schon. Auf ihren Wink treten weitere Offiziere hinzu, das Festmahl beginnt. Diener und Ordonnanzen tragen die Speisen herein und in tönernen Krügen den Wein. Auch der Küchenchef lässt sich blicken und verteilt Tontäfelchen, auf denen geschrieben steht, welche Gerichte an diesem Tag serviert werden.

Was sie alles gegessen und getrunken haben? Wenn ich das wüsste! Sicherlich wird es nicht allein der *pulmentum* genannte dicke Brei aus geröstetem Dinkel, Bohnen, Linsen und allerlei Grünzeug gewesen sein, der zum Nationalgericht geworden ist. Die alten Römer verstanden sich schon aufs Kochen! Und wenn wir die erhalten gebliebenen Rezepte des verwöhnten Feinschmeckers Apicius lesen oder des Meisterkochs Lucullus, kann einem das Wasser im Munde zusammenlaufen. Die Römer schätzten Würste, Fleischklöße, Schweinefleisch und Wildbret, Hühner und Hasen und natürlich Fische. Die köstlichen Braten würzten sie mit Honig und zum Teil auch mit Rosinen, Essig oder Sellerie. Angemacht wurden sie mit Öl und Minze. Das Geheimnis ihrer Küche bestand jedoch aus Soßen, vor allem dem *garum*, einer seltsamen Soße aus gegorenem Fisch, die über fast alle Speisen gegossen wurde. Sie wird auch an der Tafel des Varus nicht gefehlt haben, wenngleich der stundenlange Schmaus in dem Feldlager nicht ganz so opulent gewesen sein wird wie während der üppigen Gelage in Rom. Gewiss konnte nicht alles aufgetragen werden, was Varus aus Rom gewohnt war. Aber er war ein genusssüchtiger Schlemmer und Schwelger und wird schon dafür gesorgt haben, dass an schmackhaften Speisen kein Mangel war. Und Fische und Fleisch gab es zwischen Amisia und Visurgis, zwischen Ems und Weser, wahrlich genug. Vielleicht haben die Männer im Zelt sogar germanisches Bier getrunken. Und solange gegessen, bis auch die bereitliegenden Federn nicht mehr halfen, mit denen man den Gaumen zu kitzeln pflegte, um nach dem Erbrechen Platz für weitere Speisen zu haben.

Allerdings bin ich ziemlich sicher, dass es in dem Feldherrnzelt des Varus am Schluss des Banketts nicht so aussah, wie es Cicero über die Gastmähler seines Freundes Verres beschrieben hat: »Die einen werden wie tot davongetragen, die anderen bleiben besinnungslos auf dem Fußboden liegen; man könnte eher meinen, das Schlachtfeld von Cannae als das Gastmahl eines Prätors vor sich zu sehen!« Denn am nächsten Tag soll ja in aller Frühe der Ausmarsch aus dem Lager beginnen, und da müssen die Kommandeure frisch sein. Anstrengende Tage stehen bevor und wahrscheinlich sogar ein Scharmützel mit den Marsern. Vor allem Arminius lehnt so manchen Krug, der ihm gefüllt gereicht wird, ab. Von ihm hängt das Gelingen des großen Vorhabens ab, vor allem er braucht einen kühlen Kopf. Bisher ist ja alles bestens und nach Plan verlaufen, und das soll auch so bleiben. Deshalb zieht sich Arminius auch frühzeitig von dem Gelage zurück. Höflich verabschiedet er sich mit einem freundlichen »Also dann bis morgen!« von seinem Gastgeber, den er zum letzten Mal lebend sieht, besteigt sein Pferd und reitet mit seinen Begleitern davon.

Kurz nach Sonnenaufgang sind alle Kohorten und Zenturien zum Abmarsch bereit, als letzte die 1. Kohorte der 18. Legion mit dem Zenturio Marcus Caelius. Die römischen Reiter verlassen als Erste das Lager. Sie verstärken die Vorhut und wollen sich weit draußen auf dem Feld den germanischen Hilfstruppen anschließen, die dort schon auf sie warten. Varus hat lange überlegt, ob er nicht besser den Tross samt Frauen und Kindern im Lager zurücklassen soll. Dann entscheidet er sich aber doch, alle mitzunehmen. Nur die Götter wissen, ob er mit seinen Legionen noch einmal an diese Stätte zurückkehren wird!

Die Kolonnen formieren sich, immer sechs Mann nebeneinander. Noch sind die Wege breit genug dafür. Dann kommt das Signal: Abmarsch! Die Legionäre fassen Tritt und stampfen mit ihrem Marschgepäck durch das Tor, vorneweg die Träger mit den Feldzeichen, den silbernen Adlern der Legionen, den langen Kohortenstäben und den Kriegsfahnen mit der Viktoria. Dahinter folgen die Bläser. Der helle, schrille Klang ihrer langen, am unteren Ende gebogenen Trompeten vermischt sich mit dem dumpfen Dröhnen der geraden *tubae* und den heiseren Tönen des *cornu*, einem fast kreisförmigen, durch einen Querstab verstärkten Horn. Musik, Musik, großes Brimborium, wie immer bei Auf- und Abmärschen von Armeen auf der ganzen Welt! Uniformen, Gleichschritt und Marschmusik durch die Jahrtausende, bis heute. Und auch Gesang? Hören wir beim Ausmarsch der drei Legionen etwa »Oh, du schöner Teutoburger Wald« – statt Westerwald – »über deine Höhen pfeift der Wind so kalt ...«, natürlich auf Latein? Nein, natürlich nicht. Marschlieder sind bei den Römern nicht bekannt. Aber vielleicht haben die Frauen und Männer des Trosses, der in einzelnen Abteilungen jeweils einer Militärkolonne folgt, die zackigen Töne der Bläser mit Singen und Summen begleitet, ein Abgesang, der direkt in den Untergang führt.

8
Erfolgreiche Guerillataktik

Als die drei Legionen des Varus ihr Sommerlager verlassen, befinden sich Tausende germanischer Krieger schon in den Bereitstellungsräumen, die ihnen Arminius entlang des römischen Marschweges zugewiesen hat. Das dichte Unterholz des urwaldähnlichen Geländes, die jahrhundertealten Baumriesen mit ihren meterhoch aus dem Boden ragenden und mit Geflecht überwucherten Wurzeln bieten ihnen eine hervorragende Deckung. Im Vergleich zu den herannahenden Legionären ist ihre Bewaffnung hoffnungslos unterlegen. Und wenn die geschulte Taktik und Strategie der Römer zum Zuge kommt und sich ihre bewährte Schlachtordnung entfaltet, können die Germanen einpacken. Sie kennen überhaupt nur eine einzige Gefechtsordnung, den sogenannten »Eberkopf«, einen eigentümlichen dreiecksförmigen Angriffskeil, mit dem sie stets den Kampf beginnen. Denn im Angriff sehen sie die beste Abwehr des Feindes. In der vordersten Linie, der Keilspitze, kämpfen stets die Fürsten und Heerführer mit ihren besten Kriegern, und zwar Sippe für Sippe, die dicht beisammenbleibt und in der einer für den anderen eintritt und sich jeder für jeden opfert. Die Flanken des immer breiter werdenden Keils, der nur aus Fußvolk besteht, werden durch dichte Schildreihen gedeckt. Die Wucht dieses Stoßkeils führt, begleitet von lautem Kampfgeschrei (von den Römern *Barbitus* genannt), in erbittertem Nahkampf oft zum siegreichen Durchbruch. Doch wenn er misslingt, besteht die große Gefahr, umgangen und vernichtet zu werden. Ist die Schlacht gewonnen, gehört die Kriegsbeute dem ganzen Heer. Welcher Krieger was bekommt, wird durch Los entschieden. Das germanische Heer ist ein Volksheer, ein allgemeines Volksaufgebot der freiwilligen Männer, die berechtigt und fähig sind, Waffen zu tragen.

Erst Arminius führt in kurzer Zeit eine größere Einheitlichkeit herbei, indem er das kämpfende Fußvolk in Hundertschaften und Tausendschaften zusammenfasst und ihnen im Schnellverfahren römische Disziplin einimpft. Und er hämmert ihnen vor allem eines ein: Wir können nur gewinnen, wenn wir einen Partisanenkrieg führen! Wir müssen uns die Vorteile des Waldgeländes zunutze machen und die römischen Legionäre mit einer Guerillataktik zermürben! Die einzelnen Zenturien und Kohorten dürfen gar nicht erst dazu kommen, ihre gewohnte Schlachtordnung einzunehmen. In einer ganzen Reihe von aus dem Hinterhalt geführten Überfällen und überraschenden Vorstößen müssen wir sie auf ihrem Marsch so lange schwächen, bis wir sie in einem letzten Umfassungsangriff restlos vernichten können!

Tauchen da nicht Bilder aus unserer Zeit auf? Überlegene, bestens ausgerüstete amerikanische Elitesoldaten, die im Dschungel von Vietnam gegen den Vietcong einen erbitterten Krieg führen, den sie nicht gewinnen können. Der unheimliche Ho-Chi-Minh-Pfad, dieses verborgene, weit verzweigte Netz von Dschungelpfaden, über das immer mehr Waffen und dann auch Truppen eingeschleust werden, die den Amerikanern blutige Verluste zufügen. Die Geschichte wiederholt sich doch, *semper idem, sed aliter* (»immer gleich, aber anders«), wie Cicero gesagt hat.

Die stets uneinigen Germanenstämme ziehen plötzlich freiwillig an einem Strang, nicht alle, aber die meisten. Ein dünnes Eis zwar, aber es hält! Offensichtlich hat hier etwas gezündet, das auf einen Schlag die Sippen und Völkerschaften verbindet. Arminius hat mit seiner unwiderstehlichen Ausstrahlung das Feuer entfacht, und der Funke ist übergesprungen und hat alle Gaue erfasst. Selbst die Männer des Segestes werden von der plötzlichen Begeisterung mitgerissen. Wo er sich selbst während der folgenden Kämpfe aufgehalten hat, ist nicht bekannt. Dabei gewesen ist er nicht.

Die cheruskischen Späher melden Arminius laufend, wo sich die römische Marschkolonne gerade befindet. Sie nehme im Hochwald den vorgegebenen Weg, sagen sie, und steuere geradewegs auf die große Waldschlucht zu. Die gesamte römische Nachhut ist schon besiegt. Aber die 1. Kohorte der 18. Legion ist nicht der einzige Truppenverband, der am 9. September 9 n. Chr. vernichtet wird. Und Marcus Caelius ist nicht der einzige Zenturio, der an diesem ersten Tag der Schlacht getötet wird. Viele Zenturionen fallen, viele Legionäre lassen ihr Leben in dieser »grünen Hölle«. Auch einzelne Abteilungen in der Mitte des langen Heerwurms werden angegriffen, ebenso die römische Vorhut mit der römischen Reiterei unter der Führung des Vala Numonius an der Spitze. Nachdem sie in strömendem Regen ihren ersten Schock überwunden haben, wehren sich die römischen Reiter tapfer. Aber die Reiterschwadronen des Arminius reiben sie fast vollständig auf. Erst werden die Pferde ohne Gnade abgestochen, dann die Reiter, einer nach dem anderen. Das Schlachtfeld bietet ein Bild des Grauens. Nur wenige römische Reiter und noch weniger Legionäre können sich nach Aliso durchschlagen. Arminius erhält die Meldung, dass sich die römischen Marschkolonnen ganz aufgelöst haben und in ungeordneten Haufen marschieren, mit dem Tross dazwischen. Also erneut: Attacke! Und Nadelstich auf Nadelstich. Unbewaffnete Händler und Trossknechte werden umgehauen, Frauen und Kinder abgeschlachtet und aufgespießt, ein grauenvolles Blutbad.

Als die Legionäre das sehen und gewahr werden, dass ihre eigenen Hilfstruppen dafür verantwortlich sind, wird ihre Verbitterung über den schändlichen Verrat des Arminius noch größer. Im Nahkampf hauen und stechen sie nun mit gleicher Brutalität, bringen um und schlagen tot. Jetzt fallen auch germanische Krieger. Manche werden, nachdem sie ihre todbringenden Speere geschleudert haben, von drei, vier römischen Legionären zugleich angegriffen. In der herannahenden Abenddämmerung und den dichten Regengüssen sind Freund und Feind kaum noch zu unterscheiden. Trompetensignale erschallen, vertraute Töne, Kommandos werden gebrüllt. Die römischen Offiziere bemühen sich, Ordnung in das Chaos zu bringen. Sammeln, Sammeln! Seht die Träger der Feldzeichen, die römischen Adler, dorthin Kameraden! Schart euch um eure Zenturionen! Versucht, eine Gefechtslinie zu bilden! Da viele Offiziere gefallen sind, machen sich die Legionäre gegenseitig Mut. Wir sind eingeschlossen, na und? Hier werden wir stehen und kämpfen bis zum Tod! Oder einen Durchbruch nach Norden versuchen, zur großen Heerstraße hin. Wenn wir die erst erreicht haben und unsere Schlachtordnung entfalten können, dann Gnade ihnen Gott, diesen ruchlosen, schrecklichen Barbaren! Meldegänger übermitteln plötzlich neue Befehle, direkt vom Feldherrn! Er lebt also noch, Varus lebt! Versucht zu diesem Hügel dort durchzustoßen und die waldfreie Hochfläche zu erreichen! Dort sammeln wir uns, dort schanzen wir!

Schanzen! Die Legionäre fassen neuen Mut. Sie sind abgekämpft und hungrig, sie frieren und sind durchnässt bis auf die Haut. Aber nun greifen sie zum Spaten, heben Gräben aus, schütten mit letzter Kraft einen Wall auf, schlagen Äste von den Bäumen und befestigen ihn damit. Während ihre Kameraden noch kämpfen, errichten sie mit erstaunlicher Schnelligkeit einen großen, weiten Lagerplatz, der den Legionen – oder besser gesagt dem, was von ihnen übrig geblieben ist – einigermaßen Schutz bietet. Cassius Dio schreibt: »Dort nun schlugen sie ein Lager auf, nachdem sie einen geeigneten Platz – soweit davon in dem waldigen Gebirge die Rede sein kann – besetzt hatten.« Und Tacitus (Annalen I,61) berichtet in Anlehnung an das, was ihm römische Soldaten, die einige Jahre später an diese Stelle gekommen sind, erzählt haben: »Das erste Lager des Varus deutete durch den weiten Umfang und durch die Ausdehnung des Feldherrnplatzes die Arbeit dreier Legionen unverkennbar an. Weiterhin erkannte man an dem halb eingestürzten Wall und an dem flachen Graben, dass der hier schon zusammengeschmolzene Rest sich festgesetzt hatte.«

Wer weiß, was passiert wäre, wenn die Germanen in dieser Phase weiter konzentriert angegriffen hätten. Sie hatten die Römer gewissermaßen schon im Sack, sie brauchten ihn nur noch zuzubinden. Aber ein solcher zusammengefasster Schlussangriff entspricht nicht ihrer Guerillataktik, und zudem hätten die Römer auf diesem waldfreien Platz ihre gefürchtete Kampfkraft voll entfalten können. Auch bricht die Nacht langsam herein. Nein, die Germanen ziehen sich lieber johlend und schreiend in ihre Wälder zurück, allerdings nicht, ohne vorher kräftig Beute zu machen. Plündernd streifen sie über das Schlachtfeld, raffen an Waffen, Helmen, Rüstungen und Geräten so viel zusammen, wie sie tragen können, und erschlagen die Verwundeten, um auch sie auszurauben. Um die Toten kümmert sich niemand.

Quinctilius Varus, selbst aus einigen leichteren Wunden blutend, befiehlt die höheren Offiziere zu einer Besprechung in sein Zelt. Einige sind gefallen, aber Seinonus ist noch am Leben und auch Lucius Eggius humpelt herein. Eine Speerspitze hat seinen Fuß durchbohrt. Wie ist die Lage? Was können wir tun, was sollten wir tun? Alle reden aufgeregt durcheinander. Einige Unterführer werden gerufen, sie sollen über die Höhe der Verluste berichten. Dann werden die Adlerträger der Legionen hereinbefohlen. Varus will damit deutlich machen, dass noch nichts verloren ist. Noch sind die römischen Adler nicht untergegangen! Die Legionen sind zwar angeschlagen, aber noch haben sie eine Chance. Vielleicht nimmt dieses Drama, das so unerwartet über sie hereingebrochen ist, doch noch ein gutes Ende.

»Wir müssen so schnell wie möglich versuchen, wieder freies Gelände zu erreichen!«, sagt Varus mit kräftiger Stimme, um das laute Gemurmel im Zelt zu übertönen. »Und vor allem müssen wir beweglicher werden, solange wir noch in diesen Wäldern sind!« Die Männer schweigen, dann nicken sie mit den Köpfen. »Ja, unser Tross ist nur hinderlich!«, entgegnet Lucius Eggius. »Und in der Lage, in der wir uns befinden, vollkommen überflüssig«, fügt Varus hinzu. »Ich ordne deshalb an, dass sofort alle noch vorhandenen Karren und Wagen zusammengefahren und verbrannt werden!« Der Befehl wird weitergegeben, und nach kurzer Zeit lodert auf dem weiten Platz ein riesiges Feuer. Alles, was nicht dringend benötigt wird, fällt den Flammen anheim, auch der Richterstuhl des Varus. Das Marschgepäck wird auf Maultiere umgeladen. Und dann erteilt Varus den Marschbefehl für den morgigen Tag: In geordneten Kolonnen Marsch Richtung Südwesten zum Kastell Aliso! Aufbruch im Morgengrauen! Die 17. Legion, die bisher die geringsten Verluste erlitten hat und noch über einen hohen Grad an Selbstvertrauen verfügt, soll in zügigem Marsch die Spitze der Kolonne übernehmen und gleichzeitig die Flanken sichern.

An dieser Stelle müssen wir ein wenig verweilen und versuchen, uns klar zu machen, was dieser Befehl bedeutet. Möglicherweise ist er der Sargnagel für den endgültigen Untergang. Wäre es nicht besser gewesen, den Durchbruch nach Norden zu wagen, um schnellstmöglich die befestigte Heerstraße zu erreichen? Einige Kommandeure haben das auch vorgeschlagen. Von dort aus hätte man versuchen können, Verbindung mit Aliso und Castra Vetera am Rhein aufzunehmen, mit dem Ziel, dass den bedrohten Legionen sofort einige Truppen aus den Kastellen entgegenkommen. Der Marsch in die andere Richtung ist zwar insgesamt etwas kürzer, führt aber direkt in die Katastrophe.

»Zu den ausgezeichneten Leistungen im Kriege gehört ein eigentümlicher Genius« und »eine große Kraft des Gemütes und des Verstandes«, behauptet der große preußische Stratege Carl von Clausewitz (1780–1831) in seinem Buch »Vom Kriege«. Ist Arminius ein solcher Genius gewesen? Hat er diese Eigenschaften besessen oder stand ihm insbesondere am zweiten Tag der Schlacht, als die Römer sich sammelten und auf den Überfall reagierten, einfach nur das Glück zur Seite, der Zufall? Er musste die schwierige Frage beantworten, wohin die Römer sich nun wenden würden. Werden sie versuchen, nach Norden durchzubrechen, um die befestigte Heerstraße zu erreichen, oder werden sie

Richtung Aliso marschieren? Für beide Fälle musste er Vorsorge treffen.

Arminius entscheidet richtig. Noch in der Nacht dirigiert er die Hauptmacht seiner Truppen um und schickt sie in einem großen Schwenk in die Niederungen nördlich des heutigen Wiehengebirges. Vielleicht zählten diese Gebiete zwischen den Flüssen Hase und Hunte aber auch schon von vornherein zu den ausgewählten Bereitstellungsräumen. Vielleicht haben germanische Krieger auch dort bereits auf dem schmalen, von Osten nach Westen führenden Weg gelauert, weil sie damit rechneten, der Römerzug würde dort vorbeikommen. Wir wissen es nicht genau.

Cassius Dio schreibt über den zweiten Kampftag (den dritten Marschtag): »Darauf brachen sie am anderen Morgen, nachdem sie die Mehrzahl der Wagen und alles Übrige, was sie nicht unbedingt brauchten, verbrannt oder zurückgelassen hatten, immerhin in etwas besserer Ordnung auf, so dass sie bis zu einer unbewaldeten Stelle vorrücken konnten.«

Na endlich, werden die Legionäre erleichtert gedacht haben, jetzt sind wir raus aus diesem teuflischen Wald! Jetzt haben wir es bald geschafft! Sofort entfalten sie ihre Zenturien und Kohorten in die Breite und nehmen vorsorglich die bewährte Gefechtsordnung ein, jene schachbrettartige Aufstellung, die so berühmt geworden ist. Aber sie kennen das Land nicht genau, haben keine Ahnung von den geografischen Details. Wir können das Stöhnen und die Flüche der Legionäre förmlich hören, als ihnen auf dem Weitermarsch wiederum dichte Wälder, sumpfiges Unterholz und von grauen Regenwolken umhangene Hügel den Weg versperren. Es entsteht eine ähnliche Lage wie am Tag zuvor; sie kommen vom Regen in die Traufe.

Und kaum sind sie wieder drin im tiefen Wald, werden sie erneut von allen Seiten angegriffen. »Dabei wehrten sie sich zwar gegen ihre Angreifer«, berichtet Cassius Dio, »doch hatten sie gerade hierbei bedeutende Verluste, denn wenn sie sich auf engem Raum dicht aneinander schlossen, ... dann kamen sie oft im Gedränge miteinander, oft auch über die Baumwurzeln zu Fall.« Dasselbe Chaos also wie am Vortag. Und eine erheblich größere Anzahl angreifender Germanen! Cassius Dio führt das darauf zurück, dass einige wohl erst einmal abgewartet haben, wie sich das Ganze entwickeln würde. Und außerdem wird sich herumgesprochen haben, welch fette Beute hier winkt. Möglicherweise sind einige Einheiten aufgrund des langen Anmarsches aber auch erst verspätet eingetroffen.

Immer mehr Gruppen von germanischen Kriegern brechen aus dem Walddickicht hervor und stürzen sich auf die römischen Soldaten. Überall Tote und Verwundete, wie am ersten Tag. Der Tod ist allgegenwärtig und blickt über die Schulter eines jeden Legionärs. Tiefe Mutlosigkeit macht sich unter ihnen breit. Einige ergeben sich, aber die Germanen schlagen ihnen die Köpfe ab und heften sie an die nächsten Bäume. Die Reste der 17., 18. und 19. Legion retten sich in die Nacht. Sie sehen die Siegesfeuer der Germanen und hören die schrillen Schreie ihrer gefangenen Offiziere, die ans Kreuz geschlagen oder von den Priestern zu Ehren Wodans zu Tode gefoltert und geopfert werden.

9
Der 11. September 9 n. Chr.

Der nächste Tag, der 11. September, geht in die Geschichte ein. Schon morgens ist der Himmel grau verhangen. Die mutlosen Legionäre, die in der Nacht kaum ein Auge zugemacht haben, halten vergeblich nach der Sonne Ausschau. Als der Befehl zum Weitermarsch Richtung Westen gegeben wird, gehen heftige Wolkenbrüche nieder, begleitet von Blitz und Donner. Der Sturm heult in den Kronen der riesigen Bäume, ein schauriges Szenario für den dramatischen Höhepunkt, wie es sich ein Opern- oder Theaterregisseur nicht besser hätte ausdenken können. Erneut bilden sich Marschkolonnen und setzen sich langsam in Bewegung. Sie sind viel kürzer als noch vor zwei Tagen. Die meisten Kameraden liegen erschlagen oder erstochen hinter ihnen in den dunklen Wäldern. Vor allem die Männer und Frauen des Trosses, die überlebt haben und sich mit einigen Maultieren zwischen den Kolonnen mühsam fortbewegen, sind voller Angst. Was wird dieser Tag bringen? Werden wir das rettende Aliso je erreichen? Die meisten glauben nicht mehr daran.

Neue Hoffnung keimt auf, als sich nach ein paar Stunden der dichte Wald etwas lichtet und den Blick auf ein Flusstal freigibt. Es liegt in Nord-Süd-Richtung friedlich vor ihnen. Doch als ein paar vorausgeschickte Späher vor den Augen ihrer Kameraden schreiend im tiefen Moor versinken, das sich überall ausbreitet, scheint die Lage aussichtslos. »Hier kommen wir nicht weiter!«, sagt ein Tribun, der mit dem, was von seiner Kohorte übrig geblieben ist, die Vorhut bildet. »Und zurück können wir auch nicht mehr, denn hinter uns sind die Barbarenhorden. Wir sitzen in der Falle! Wenn die uns jetzt angreifen, sind wir endgültig verloren!«

Aber die Germanen greifen nicht an. Es sind auch nur noch wenige hinter ihnen. Die meisten Krieger haben sich jenseits des Tales, das sich nach Westen hin zu einem Trichter verengt, verschanzt und warten dort auf die Reste der drei Legionen. Arminius reitet auf seinem Pferd durch die Reihen und feuert die Männer an. »Nieder mit den Römern! Tod unseren Feinden! Ihr Ende ist nahe!« Die Antwort ist ein Siegesgeheul und das wilde Aneinanderschlagen der Waffen.

Quinctilius Varus ist deprimiert. Ärzte haben seine Wunden notdürftig versorgt. Er hockt auf einem Schemel, den sein Adjutant bereitgestellt hat, und stiert unschlüssig auf den Boden. Er sieht das Bild seines Vaters und Großvaters vor sich, die beide ihrem Leben ein Ende bereiteten, indem sie sich ins eigene Schwert stürzten. Dieses Schicksal hat ihm immer wieder vor Augen gestanden. Und in diesem Moment ist ihm vollends klar: Er ist das Glied einer unglückseligen Kette, auf der der Fluch der Götter liegt. Es ist sein Stellvertreter Lucius Eggius, der die Initiative ergreift und trotz seiner Fußverletzung zusammen mit einigen Männern den Flusslauf näher erkundet. Nordwärts kommen sie nicht weiter, da führt der Fluss direkt durch das große Moor. Aber in südlicher Richtung finden sie in der Nähe eines kleinen festen Waldstücks einen Pfad und an dessen Ende eine Furt. Wieder macht sich etwas Hoffnung breit, als die Kolonnen übersetzen. Lucius Eggius macht den Soldaten Mut. »Noch hat sich Mars nicht ganz von uns gewandt! Vorwärts Männer! Wir werden bald in Aliso sein!«

Sie folgen einem schmalen Weg, der durch trockenes Tiefland führt, bis er linker Hand einen waldbewachsenen Hügel erreicht, der den Gebirgsketten vorgelagert ist und sich ziemlich steil in die Höhe erhebt. Der Weg macht einen kleinen Knick nach Norden und biegt dann nach Westen in eine schmale Senke ein. Ein Ausweichen nach Süden ist wegen des Hügels nicht möglich, und im Norden versperrt das große Moor den Weg. Also müssen sie direkt durch diesen Engpass hindurch. Lucius Eggius reckt den rechten Arm in die Höhe. Das bedeutet »Stopp! Keinen Schritt weiter!« Varus ist der gleichen Ansicht, das sieht gefährlich aus. Ein idealer Platz, um den Römern aufzulauern. Aber es ist alles still, und kein Germane ist zu sehen. Der Feldherr befiehlt: »Freiwillige vor!« Ein noch junger Zenturio tritt forsch in die Mitte, sechs, sieben Soldaten seiner Einheit folgen seinem Beispiel. »Erkundet diesen Engpass! Bewegt euch vorsichtig vorwärts und achtet zu beiden Seiten auf alles, was in euer Blickfeld kommt!«

Der Regen hat aufgehört. Das Herbstgewitter ist vorbeigezogen, und die Sicht ist wieder klarer. Behutsam tastet sich der Spähtrupp voran. Im Boden hat sich die Nässe gestaut, ein falscher Schritt, und die Männer versinken bis über die Knie im Morast. Ringsum verhindern

Quellmulden ein Weiterkommen. Aber dann entdecken die Männer bis zu 100 Meter breite Flugsandzonen, über die ein fester Pfad führt. Sie folgen ihm und passieren die schmalste Stelle des Engpasses. Es sind etwa 1000 Meter zwischen dem Berg links und dem Moor rechts, schätzt der Zenturio. Rechts kann ja keiner sein, und links? Er sieht die Waldkante am Fuß des Berges. Und er sieht auch die mannshohe und mehr als fünfmal so breite Mauer aus Rasensoden, die sich in einer Länge von rund 500 Metern davor erhebt. Dazwischen sind einige Durchlässe. Das sieht alles ganz natürlich aus, denkt der Zenturio. Er kann nichts Verdächtiges daran finden und gibt seinen Männern ein Zeichen, ihm weiter zu folgen. Unbehelligt durchqueren sie den ganzen Pass, dahinter breitet sich freies Gelände aus. In der Ferne schimmert ein weiteres Flusstal herüber. Erleichtert kehren die Männer um. Auch auf dem Rückweg bleibt alles ruhig. Der Weg sei frei, melden sie ihrem Feldherrn.

Die Kolonnen setzen sich wieder in Bewegung und bilden eine lange Kette, einer marschiert hinter dem anderen. Die Männer haben den Geruch von Moor und Sumpf in der Nase. Erschrocken blicken sie auf, ein paar Moorhühner steigen rechter Hand krächzend in die Höhe. Die Frauen hinter ihnen kreischen und drängen nach vorn, damit es schneller vorangeht und sie endlich aus diesem unheimlichen Tal herauskommen. Als die Legionäre dicht an dem Wall aus Grassoden vorbeiziehen, empfängt sie ein plötzlicher Speerhagel und mäht viele von ihnen nieder. Dann ertönt wildes Kampfgeschrei, und aus den Mauerdurchlässen brechen germanische Krieger hervor und stürzen sich im Nahkampf auf alles, was unter den Römern noch am Leben ist. Diese wehren sich mit letzter Kraft. Einige versuchen, den Wall zu erklimmen. Von seinem Kamm aus werfen sie ihrerseits ihre Speere auf den Feind, ziehen ihre Schwerter und kämpfen Rücken an Rücken gegen die Übermacht. Im Kampfgetümmel stürzt der Wall an einigen Stellen ein und begräbt Feind und Freund unter sich.

Varus ist verzweifelt und sieht keinen Ausweg mehr. Seine Tunika ist über und über mit Blut bedeckt, er ist schwer verwundet. Man bringt ihn zurück in die hinteren Reihen und bettet ihn auf eine Decke. Sein massiger Körper beginnt zu zittern. Tränen rollen über seine verdreckten Wangen. »Arminius, du Hund, du schändlicher Verräter!«, schluchzt er. »Ich habe dir vertraut, du hast mich schmählich betrogen! Ich verfluche dich!« Dann erteilt er dem Zenturio seiner Garde mit gebrochener Stimme den letzten Befehl: Sein gesamter persönlicher Schatz soll auf jeden Fall gerettet werden! Die Transportkisten mit den Luxusgegenständen, Wertsachen und dem vielen Gold sollen an geheimer Stelle schleunigst vergraben werden. Aber dazu kommt es nicht mehr. Der wertvolle Schatz fällt in die Hände der Germanen.

Der Zenturio versucht, Varus etwas Wein zu reichen. Aber er wehrt ab. »Welche Schande für mich, welche Schande für Rom!«, heult er. »Oh, Augustus, wir sind verloren!« Tränenüberströmt entreißt er plötzlich dem Zenturio das Schwert und stößt es sich mit letzter Kraft tief in die Brust. Dabei ruft er laut die Namen seines Vaters und Großvaters.

»Varus ist tot! Der Feldherr ist gefallen!« Als sich die Kunde unter den Soldaten verbreitet, werden Mutlosigkeit und Verzweiflung noch größer. Einige Offiziere stürzen sich ebenfalls ins Schwert, zu gewaltig sind Unglück und Schmach. Zwei Legionsadler sind gestern schon in die Hände der Barbaren gefallen. Nun geht auch der dritte verloren, als in einem letzten wilden Ansturm der Germanen die Reste der Legionen umzingelt und fast ohne Gegenwehr niedergemetzelt werden. »Dem einen stachen sie die Augen aus, dem anderen hieben sie die Hände ab, einem wurde der Mund zugenäht, zuvor aber die Zunge herausgeschnitten. Diese hielt einer der Barbaren in der Hand und rief: ›Du Viper, endlich hast du aufgehört zu zischen!‹« So steht es wortwörtlich im »Bellum Germanicum« (II,30,37) des Lucius Annaeus Florus, einem anderen, in der Provinz »Africa« geborenen römischen Geschichtsschreiber, der vermutlich zur Regierungszeit der Kaiser Domitian (81–96 n. Chr.) und Hadrian (117–138 n. Chr.) in Rom lebte.

Während Seionus nicht weiterkämpft und sich gefangen nehmen lässt, was er jedoch nur kurze Zeit überlebt, wehrt sich Lucius Eggius zusammen mit einigen Getreuen, die er um sich geschart hat, heldenhaft bis zum bitteren Ende. Nur ein paar Legionären gelingt es, das Ende des Passes zu erreichen und sich bis Aliso durchzuschlagen, wo sie über den Untergang der drei stolzen Legionen berichten. Arminius selbst ist ebenfalls im Schlachtgetümmel zu sehen, aber er vermeidet es, bis zu Varus vorzudringen. Die beiden treffen nicht mehr aufeinander. Einigen Legionären gelingt es in aller Eile, die Leiche des Varus zu vergraben. Doch die Germanen finden sie, schneiden ihr den Kopf ab und bringen ihn zu Arminius. Der sendet ihn als Zeichen des Sieges an den Markomannenkönig Marbod, um ihn auf diese Weise doch noch für ein Bündnis gegen Rom zu gewinnen. Marbod geht darauf nicht ein, im Gegenteil. Zum Beweis seiner Bündnistreue zu Rom schickt er das Haupt des

Varus weiter nach Rom, wo es Augustus in der Familiengruft des Varus beisetzen lässt.

Überall verkünden germanische Hornbläser – so, als wäre gerade eine Jagd zu Ende gegangen – das Ende der dreitägigen Schlacht. Über 20.000 tote römische Männer und Frauen bleiben unbestattet auf dem Schlachtfeld zurück, manche Autoren sprechen sogar von 30.000. Siegestrunken feiern die Germanen ihren großen Triumph. Selbst Frauen und Kinder kommen zusammen, um Arminius zu ehren. Sie können es kaum glauben: Ihre Ausbeuter und Unterdrücker sind verjagt und vernichtet! »Wir sind wieder freie Germanen!«

Ob sie das nun wirklich sind, werden wir noch sehen. Überall an den Feuern werden Spieße mit frischem Fleisch gedreht, und übervolle Trinkhörner gehen von Mann zu Mann. Bier und Met fließen in Strömen, die Siegesfeiern dauern mehrere Tage. Die riesige Beute wird verteilt, auch der kostbare Schatz des Varus, den er immer mit sich führte: silberne Becher und Schalen, wertvolle Teppiche, reich verzierte Rüstungen, kunstvolle Schilde, Waffen aus fernen Ländern und schönster Schmuck, wie ihn die Germanen noch nie gesehen haben. Arminius ist klug genug, die wertvollsten Trophäen, insbesondere die drei Legionsadler, den verbündeten Stämmen zu überlassen. Je einen erhalten die Brukterer, Chatten und Marser. Sie bringen sie in ihre heiligen Haine, um sie dort zu Ehren ihrer Asen aufzubewahren. Arminius hofft, mit dieser Geste das Bündnis der Stämme zusammenhalten zu können, ja vielleicht sogar zu erweitern. Denn eines ist ihm völlig klar: Die Römer werden auf diese Niederlage reagieren und zu einem massiven Gegenschlag ausholen.

Erst ist es nur ein Gerücht, das in *Roma aeterna* kursiert, dem Ewigen Rom. Die drei besten Legionen sollen vernichtet sein! Man hat dem Kaiser den Kopf des Quinctilius Varus geschickt! Unglaublich! Dann bricht die Hiobsbotschaft fünf Tage nach Beendigung des Krieges in Pannonien und Dalmatien wie ein Erdbeben über die Stadt herein und wird zur Gewissheit: Rom hat eine der schlimmsten Niederlagen seiner Geschichte erlitten, eine ungeheure Katastrophe! Ein unerhörtes Versagen! Das Volk von Rom ist fassungslos. Es liebt und bewundert seinen Kaiser, den gerechten und guten »Vater des Vaterlandes«, den nach seiner eigenen Aussage eine besondere *auctoritas* auszeichnet, Ansehen und Respekt zugleich. Sie machen ihn überall und ohne sein Zutun zum Führer. Diese Wurzeln seiner Kraft hat er selbst klar erkannt und stets nach dieser einmal festgelegten Richtschnur gehandelt. Überschwänglich und sprachgewaltig wird er von Horaz und Vergil besungen und in einigen Provinzen sogar als Gott verehrt. Jetzt scheint den 72-Jährigen die »Vorsehung« verlassen zu haben. Hat etwa nicht nur Varus versagt, sondern auch er? Das kann doch nicht sein! Die Bürger tuscheln und stecken die Köpfe zusammen.

Augustus gerät in Panik. Er glaubt, nun stehe ein weiterer Aufstand in Gallien und ganz Germanien unmittelbar bevor. Was tun, wenn die Germanen den Rhein überschreiten, die Gallier aufstacheln und mit diesen zusammen in Italien einfallen? Eine noch größere Katastrophe droht. Augustus bleibt nicht untätig. Alle Germanen, die sich als Händler oder in anderer Eigenschaft in Rom aufhalten, müssen die Stadt sofort verlassen. Die Wachen in den Straßen und auf den Wällen und Mauern werden verstärkt. Alle Feste werden abgesagt, und der Jahrestag der Niederlage soll künftig überall im Lande als Klage- und Trauertag begangen werden.

Der römische Schriftsteller Sueton (um 70–um 140 n. Chr.) erzählt in seinem Werk über Augustus, der Kaiser sei monatelang in Trauerkleidung herumgelaufen. Außerdem habe er sich Bart und Haupthaar nicht geschnitten und voller Verzweiflung seinen Kopf immer wieder gegen einen Türpfosten gestoßen und gerufen: »Vare, Vare, legiones redde!« (»Varus, Varus, gib mir meine Legionen wieder!«) Augustus glaubt fest daran, die Götter hätten sich von ihm und Rom zornig abgewandt. An bösen Vorzeichen fehlt es nicht: In den Tempel des Mars schlägt ein Blitz ein, und Heuschreckenschwärme verdunkeln den Himmel über der Stadt. Cassius Dio berichtet noch Seltsameres: »Man wollte gesehen haben, wie die Gipfel der Alpen aneinander stießen und drei Feuersäulen ausspien. Und Kometen gar ließen sich in Mengen sehen. Auch drehte sich eine Bildsäule der Victoria, die in Germanien stand und nach Osten auf den Feind blickte, plötzlich herum und starrte nach Rom.«

Heute schmunzeln wir darüber. Aber damals war der Aberglaube unter den Römern weit verbreitet, auch der Kaiser blieb davon nicht verschont. Vielleicht haben auch Schuldgefühle eine Rolle gespielt und ein schlechtes Gewissen. Doch es dauert nicht lange, bis sich Augustus von seinem Schrecken erholt hat. Die Angst weicht fester Entschlossenheit. Er gibt den Befehl, ein Ersatzheer auszuheben, damit der militärische Verlust wieder ausgeglichen werden kann. Sechs neue Legionen sollen aufgestellt und die Stärke der Rheinarmee auf acht Legionen aufgestockt werden. Das ist einschließlich der dort stationierten Hilfstruppen fast ein Drittel des gesamten römischen Heeres.

Doch zur Überraschung des Kaisers sind die jungen Römer nicht bereit, sich in die Stammrollen des Militärs einzuschreiben und ehrenvoll für das Vaterland zu sterben. Augustus antwortet mit Härte. Von den unter 35-Jährigen wird jeder Fünfte für ehrlos erklärt und seines Vermögens beraubt. Es finden sogar einige Hinrichtungen statt. Auch Altgediente und Freigelassene werden eingezogen. Tatsächlich gelingt es auf diese Weise in kurzer Zeit, ein neues Heer aufzustellen. Es wird unter das Kommando des Tiberius gestellt, der gerade siegreich aus Pannonien zurückgekehrt ist. Er verzichtet auf den Triumphzug, den ihm der Kaiser bewilligt hat, und bricht mit seinen neuen Truppen sofort nach Germanien auf, um die beiden restlichen, in Castra Vetera zurückgebliebenen Legionen des Varus zu verstärken.

Sie merken schon, die Katastrophe des 11. September 9 n. Chr. hat Folgen, und die Geschichte ist noch nicht zu Ende. Noch stehen die Römer am Rhein, noch gibt es zwischen Ems und Weser einige Kastelle. Aber bevor wir uns das weitere Geschehen näher anschauen, wollen wir noch einmal auf die Schlacht zurückkommen. Alle Welt spricht heute noch von ihr, aber bis vor Kurzem hat keiner gewusst, wo genau sie eigentlich stattgefunden hat. Jetzt scheint es so, als sei diese jahrhundertelange Ungewissheit endgültig beseitigt.

10
Wo fand die Schlacht tatsächlich statt?

Allein in den letzten 200 Jahren wurden über 700 verschiedene Stellen als Ort der Schlacht genannt. Zumindest einige Dutzend davon sind sogar vortrefflich erforscht worden. Die meisten liegen zwischen Weser und Ems, jedoch auch Hessen, Niedersachsen und der Raum um Merseburg sind vertreten. Viele Theorien sind als Humbug entlarvt worden, aber besonders eine gewann seit dem Ausgang des 19. Jahrhunderts besondere Bedeutung. Sie nannte den Engpass zwischen dem bewaldeten Kalkrieser Berg und dem unbegehbaren Großen Moor am Nordrand des Wiehengebirges als den Ort, wo sich die *clades Variana*, die Varusschlacht, tatsächlich abgespielt haben soll. Kalkriese liegt im heutigen Landkreis Osnabrück, etwa zehn Kilometer östlich von Bramsche. Seit dem 17. Jahrhundert hatte man in diesem Gebiet viele römische Münzen gefunden, die nicht über die Zeit des Augustus hinausgingen. Und zwar waren dies *aurei* (Goldmünzen) und *denarii* (Silbermünzen), das hauptsächliche Zahlungsmittel römischer Legionäre.

Der Historiker Theodor Mommsen untersuchte diese Funde gründlich und kam bereits 1885 zu dem Ergebnis, dass das Gebiet um Kalkriese genau jene »Vereinigung von Bergen und Mooren« biete, von denen die antiken Quellen sprechen. Er nahm als eine der möglichen Marschrouten der drei Varus-Legionen den alten Heerweg von Minden nach Bramsche an, weil er allen erforderlichen Bedingungen entsprach. »Insbesondere bei dem Gute Barenau«, schreibt er, »zwischen Venne und Engter, wo der Kalkrieser Berg in einem Dreieck nach Norden vorspringt, verengt sich der Weg zwischen diesem und dem Moore so, dass ein förmlicher Engpass entsteht.«

Der Abstand zwischen dem Großen Moor im Norden und dem Kalkrieser Berg, der sich im Süden bis zu 112 Meter hoch über die Senke erhebt (157 Meter über dem Meeresspiegel), beträgt an der schmalsten

Stelle rund einen Kilometer. Dieser Zwischenraum besteht fast nur aus Quellmulden und staunassen Böden, auf denen sich kaum 100 Meter breite Flugsandzonen gebildet haben. Nur auf diesen Flugsandzonen ist die sechs Kilometer lange Senke überhaupt passierbar. Der schmale Weg, der schon damals entlang dieser Zonen durch den Engpass führte, sei von den Varuslegionen benutzt worden, meinte Mommsen. Das Gebiet wird von zwei Flüssen begrenzt, im Osten durch die Hunte, im Westen durch die Hase, die der alte Römerweg beim heutigen Bramsche durchquerte.

Mommsens These gerät 100 Jahre lang zwar nicht in Vergessenheit, aber sie bleibt eine von vielen. Erst im Juli 1987 gewinnt sie wieder an Aktualität, als der Hobbyarchäologe Tony Clunn, ein in Osnabrück stationierter britischer Captain, den Kalkrieser Engpass in der Nähe des Gutes Barenau mit einem Metalldetektor begeht und dabei weitere römische Denarien findet. Ein Jahr später entdeckt er an der Stelle, die schon Mommsen beschrieben hat, die ersten Militaria, nämlich drei Schleudergeschosse aus Blei. Das beweist zum ersten Mal nahezu zwingend, dass römische Soldaten durch die Schlucht marschiert sind, und vor allem, dass hier offenbar auch Kämpfe stattgefunden haben. Daraufhin beginnen 1989 deutsche Archäologen unter der Leitung von Professor Dr. Wolfgang Schlüter im Kalkrieser Engpass mit systematischen Ausgrabungen und Untersuchungen, die bis heute andauern.

Die Ausbeute ist enorm. Auf einem Gebiet von ein bis zwei Kilometern Breite und einer Länge von rund fünfzehn Kilometern sind bisher über 1000 römische Münzen gefunden worden, darunter auch Kupfermünzen, das tägliche, im Gürtel getragene Kleingeld der Soldaten. Einige Silbermünzen tragen den Stempel des Augustus und den Gegenstempel VAR (Varus) und ermöglichen eine genaue Datierung. Denn Varus ist erst 7 n. Chr. nach Germanien gekommen, und in den zwei Jahren bis zur Schlacht haben hier keine weiteren Kampfhandlungen stattgefunden. Die Archäologen können mit Bestimmtheit sagen, dass in Kalkriese, wie Schlüter es formuliert hat, »nach 9 n. Chr. keine römische Münze mehr in den Boden gekommen ist.«

Auch die militärischen Fundstücke gehen in die Tausende. Darunter befinden sich unter anderem bronzene Tragringe der Helme, Haken und Scharniere, bronzene Schnallen der Kettenhemden und Schienenpanzer sowie vergoldete Silberbeschläge und Buckel der Schilde. Aber auch Reste von Angriffswaffen sind dabei: Bleigeschosse von Schleudern,

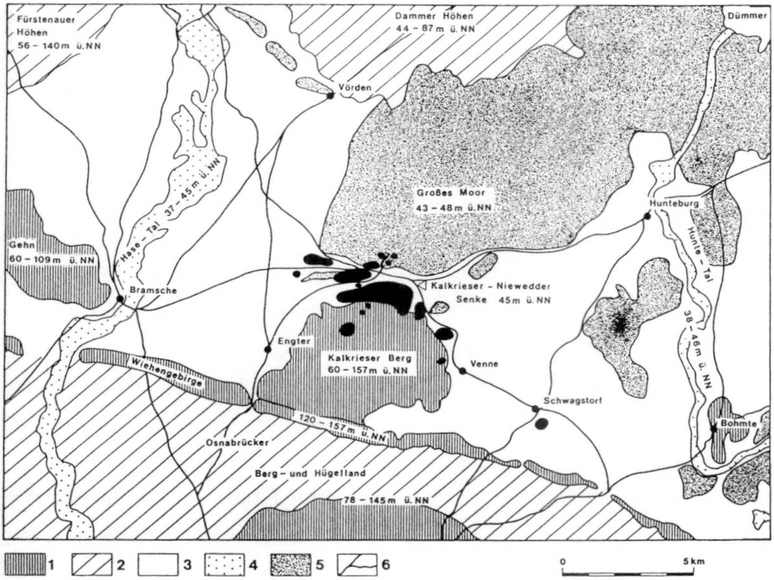

Landschaftliche Gliederung des Untersuchungsgebietes von Kalkriese.
Schwarz: Gebiete mit römischen Funden (Stand Juni 1994);
1: Bergland; 2: Hügelland; 3: Tiefland; 4: Flusstal; 5: Moor; 6: Weg.

eiserne dreiflügelige Pfeilspitzen, eiserne Spitzen und Zwingen von Wurfspeeren und Wurflanzen sowie bronzene Klammern von Dolchen und Schwertern. Inschriften auf einem Bleilot belegen die Anwesenheit der 1. Kohorte einer Legion.

Der gefundene eiserne Fingerring mit Gemme und die bronzene Zierscheibe (*phalerae*) mit dem Porträt eines Angehörigen des Kaiserhauses deuten darauf hin, dass diese militärische Auszeichnung vielleicht einem Zenturio oder Kohortenführer gehörte. Besonders auffällig ist die eiserne, ehemals mit Silberblech überzogene, 16,9 Zentimeter hohe, fein gearbeitete Maske eines Gesichtshelms, dessen Träger wohl ein hochrangiger Angehöriger der berittenen Hilfstruppen gewesen sein muss. Da diese Maske individuell angepasst war, sind die Gesichtszüge dieses Reiterführers noch nach 2000 Jahren erkennbar.

Sechs Glasspielsteine, eine Nadel, zwei Fibeln, einige Glasperlen sowie phallus- und halbmondförmige Amulette weisen auf Frauen aus dem Tross hin. Dem Tross sind auch Maultierreste, eiserne Trensen und Ketten, bronzene Jochbeschläge, Werkzeuge und Geräte des täglichen Gebrauchs zuzurechnen, darunter eine eiserne Schere, ein kleiner Silberlöffel und das Scharnier eines bronzenen Klappspiegels sowie eine bronzene Glocke. Zwei medizinische Instrumente, ein Knochenheber und der Griff eines chirurgischen Messers, verdeutlichen, dass auch Ärzte dazugehörten.

Holz-, Leder- und Gewebereste sowie tierische und menschliche Skelettteile hat man dagegen kaum gefunden. Das liegt daran, dass dafür die Erhaltungsbedingungen in den Sandzonen des Berghanges, in denen bisher hauptsächlich gegraben wurde, äußerst schlecht sind. Von dem gesamten Gebiet sind bis heute jedoch erst ein paar Prozent erforscht worden, so dass gute Hoffnung besteht, noch weitere aufschlussreiche Stücke zu finden.

Ein wichtiges Indiz für die Schlacht, genauer gesagt: für ihren letzten Tag, ist die von den Germanen mit erheblichem Arbeitsaufwand errichtete, an der Sohle fünf Meter breite Mauer aus Rasensoden, auf die man bei den Ausgrabungen auf dem zentralen Fundplatz »Oberesch« ebenfalls gestoßen ist. Sie ist nur noch als breiter, flacher Wall erhalten. Diese Mauer hatte einige strategische Bedeutung: Sie diente als Deckung für die von den bewaldeten Berghängen herunterstürmenden Germanen und zog sich – mit einigen Durchlässen – am Fuß des Kalkrieser Berges über Hunderte von Metern hin, parallel zur Marschrichtung des

Gesichtsmaske eines römischen Soldaten, vor 9 v. Chr., Eisen, Silber und Bronze. Fundort: Kalkriese.

römischen Heeres. Sie ist wahrscheinlich schon während der Kampfhandlungen zusammengebrochen und hat davor und dahinter zahlreiche Gegenstände unter sich begraben, so dass sie von den Germanen, die nach dem Sieg das Schlachtfeld plünderten, nicht entdeckt und mitgenommen werden konnten. Darauf deutet die Funddichte hin, die im Wallbereich etwa zehnmal so hoch ist wie außerhalb dieses Bereichs.

Die inzwischen weit über 4000 Funde, die in Kalkriese seit 2001 in einem eigenen Museum ausgestellt sind, lassen nur den Schluss zu, dass dieser Engpass das letzte Kampffeld der 17., 18. und 19. römischen Legion gewesen ist. Hier sind sie untergegangen. Die in der Wallanlage gefundenen menschlichen Knochenreste stammen von Männern im Alter zwischen 25 und 45 Jahren. Das haben kürzlich vorgenommene anthropologische und pathologische Untersuchungen ergeben. An zwei Schädelteilen wurden sogar – tödliche – Hiebverletzungen festgestellt, ein menschlicher Schädel wurde offenbar durch einen Schwerthieb gespalten.

In dem inzwischen entstandenen etwa 20 Hektar großen Museumspark »Varusschlacht« können wir das Schlachtgeschehen sehr gut nachvollziehen. Der vermutliche Marschweg der Römer von Ost nach West ist durch Stahlplatten markiert. Und die Reste des Grassodenwalls sind durch Stelen im Boden gekennzeichnet.

Nach diesem kleinen Ausflug in die Kalkrieser Gegenwart wollen wir nun jedoch wieder in das Jahr 9 n. Chr. zurückkehren und uns den Ereignissen widmen, die nach der Schlacht auf germanischer Seite stattgefunden haben und die uns gleichzeitig näher an die heikle Frage heranführen: Wann, wo und wie schlägt das Römische Imperium zurück?

11
Kampf um Aliso

Wir können uns gut vorstellen, dass Arminius ein leidenschaftlicher und temperamentvoller Mann gewesen ist. Aber er war auch Realist. Das können wir aus seinen Plänen und Handlungen schließen, die auf den Sieg über die drei Varus-Legionen folgen. Die Angst der Römer erweist sich als unbegründet. Die Cherusker, Chatten, Marser und die anderen Stämme überschreiten den Rhein nicht und ziehen auch nicht nach Süden, um sich mit den Galliern zu vereinen und gemeinsam nach Rom zu marschieren. Augustus kann wieder ruhiger schlafen, seit er weiß, dass er diese Gefahr nicht zu fürchten braucht. Er registriert auch mit Genugtuung, dass Marbod mit seinen Markomannen keine Anstalten macht, sich dem germanischen Bündnis anzuschließen. Marbod bleibt, zumindest nach außen hin, römertreu. Bitte erinnern Sie sich: Arminius hatte ihm den Kopf des Varus gesandt und ihn mit dieser Geste aufgefordert, zusammen mit den Cheruskern gegen die Römer zu kämpfen. Aber als Zeichen seiner Ergebenheit übergab ihn Marbod dem Augustus. Arminius weiß nun: Mit Marbod und seinem kampfstarken, durch dauernde Übungen nahezu auf den Stand römischer Disziplin gebrachten Heer von 70.000 Fußsoldaten und 4000 Reitern kann er nicht rechnen. Zwischen den Grenzlinien von Marbods Reich und den Alpenpässen Italiens liegen nur rund 200 Meilen. Was wäre das für eine hervorragende strategische Ausgangsposition für ein gemeinsames Vorgehen gegen Rom gewesen! Ja, wenn die Markomannen sich Arminius angeschlossen hätten, dann hätte man vielleicht einen offensiven Feldzug gegen Rom nach dem Muster des großen Hannibal ins Auge fassen können. Aber so?

Die Macht Roms, die Arminius aus eigener Erfahrung bestens kennt, ist noch ungebrochen. Das weiß er. Und er schätzt auch völlig richtig ein, dass ihm zu einer erfolgversprechenden Offensive Richtung Italien sämtliche Mittel und Möglichkeiten fehlen. Deshalb beschränkt er sich auf ein konkretes Ziel, das seiner Meinung nach durchaus erreicht werden kann: Die Befreiung aller germanischen Stämme zwischen Elbe und Rhein von der römischen Fremdherrschaft.

Nach dem Sieg über Varus bittet Arminius die Stammesherzöge erneut zu einer Thingversammlung, um über die nächsten Schritte zu beraten. »Uns muss klar sein«, sagt er, »dass dieser Krieg, den wir mit dem Überfall auf Varus und seine drei Legionen begonnen haben, noch lange dauern wird. Die Römer werden zum Gegenschlag ausholen! Darauf müssen wir gefasst sein. Was können wir tun? Wir sollten ihnen zwischen Elbe und Rhein alle Operationsbasen nehmen! Wir müssen so schnell wie möglich alle ihre festen Plätze an der Weser, Saale und Ems erobern und auch ihre Heerstraße Richtung Rhein und Castra Vetera militärisch sichern. Das wird schwer genug!«

Man ist sich schnell einig. Das Bündnis hält, die germanischen Stämme bleiben beisammen. Adganester und Mallovendus, die Anführer der Chatten und Marser, schaffen es mit ihren Kriegern tatsächlich, die römischen Lager ohne großen Widerstand zu erobern, auch das Lager in der Nähe von Minden, von dem aus Varus ins Winterquartier aufgebrochen ist. Um die stärkste Festung will sich Arminius mit seinen Cheruskern selbst kümmern: Aliso am Ufer der Lupia, der Lippe.

Ich möchte Ihnen keinen Bären aufbinden. Denn wo genau Aliso tatsächlich gelegen hat, können wir nur vermuten. Den genauen Ort hat man bis heute nicht gefunden. Wir wissen aus den antiken Quellen lediglich, dass Drusus im Jahre 11 v. Chr. »am Zusammenfluss von Lupia und Elison« einen Proviantplatz und Stützpunkt errichten ließ. Lupia ist die Lippe, so viel ist klar. Aber welcher Fluss trug den Namen Elison? Es sieht nicht so aus, als würden die Wissenschaftler das je herausfinden. Ist es die Alme bei Paderborn oder die Ahse bei Hamm? Auch die Glenne bei Lippstadt und die Seseke bei Lünen kann es gewesen sein. Oder die Stever bei Haltern, einige Zeit der Favorit unter den Kandidaten. Ausgrabungen haben gezeigt, dass es am Lauf der Lippe sogar mehrere römische Kastelle gegeben hat. Aber wo das älteste und stärkste von ihnen gelegen hat, an welchem Lippezufluss, bleibt nach wie vor im Dunkeln. Wir können nur hoffen, dass die »Scherbenwissenschaft« eines Tages doch noch einen Glückstreffer landet und das richtige Aliso freilegt.

Arminius zieht unmittelbar nach dem Sieg über Varus alle cheruskischen Streitkräfte vor Aliso zusammen und umzingelt es. Das Kastell ist von tiefen, doppelten Gräben umgeben. Das ist Arminius bekannt. Deshalb führen seine Truppen nicht nur Leitern, Stangen und Stricke aus Flachs mit sich, sondern auch lange Baumstämme, die über die Gräben gelegt werden können. Einige hat man mit Kerben versehen. Die Krieger lassen die Kletterbäume senkrecht in die Gräben gleiten, steigen auf ihnen hinunter und auf der anderen Seite wieder hinauf. Aber kaum haben sie das geschafft und auch einige Leitern nach vorn gebracht, um auf ihnen die hölzernen Festungsmauern zu erklimmen, empfängt sie ein mächtiger Hagel von Wurfgeschossen. Die Römer werfen Steine herunter und schleudern den anstürmenden Feinden ihre Speere entgegen, die an der Spitze mit Widerhaken versehen sind und viele Cherusker töten. Die angelegten Leitern werden mit langen Stangen umgestoßen, und gegen die dicken Brocken, die von oben heruntergeworfen werden, bieten die über den Kopf erhobenen germanischen Schilde kaum wirksamen Schutz.

Was als Handstreich geplant war, entpuppt sich nun als schwieriges, verlustreiches Unterfangen. Offenbar sind mehr römische Truppen in dem Kastell, als Arminius vermutet hat. Und Lucius Caedicius, ihr Kommandant, erweist sich als ein hervorragender, ebenso einfallsreicher wie entschlossener Verteidiger. Er hat es bis zum *primus pilus* gebracht, dem ranghöchsten Zenturio einer Legion. Nachdem alle Offiziere der drei Varus-Legionen gefallen sind, hat ihm das Schicksal nun eine besondere Rolle zugedacht. Lucius Caedicius tritt heraus aus dem Grau des Unbekannten in das helle Rampenlicht des historischen Geschehens, wenigstens für ein paar Tage. Einige antike Quellen erwähnen ihn, unter anderem Frontinus (um 40–103 n. Chr.) in seinem Werk »Kriegslisten«, und Velleius schreibt sogar, Caedicius sei für seine Tüchtigkeit und Tapferkeit hoch zu loben.

Noch einmal lässt Arminus zum Angriff blasen und vergisst dabei auch die psychologische Kriegsführung nicht. Er lässt die Köpfe getöteter römischer Legionäre auf Spieße stecken und so nah wie möglich an die Festung herantragen, um die Besatzung in Angst und Schrecken zu versetzen. Doch Caedicius sorgt dafür, dass Disziplin und Kampfmoral erhalten bleiben. Und auch den eingeschlossenen Frauen und Kindern macht er Mut. Vom hohen Festungsturm aus sieht er, wie die Cherusker ihren Angriff jetzt auf einen Punkt konzentrieren. Todesmutig rücken sie vor und versuchen, mit Äxten eine Bresche in die hölzerne Mauer zu schlagen. Das ist gefährlich! Caedicius reagiert sofort und lässt auf den

Zinnen seine Bogenschützen in Aktion treten. Sie zielen gut und treffen sicher; der Angriff gerät ins Stocken.

Arminius sieht von seinem Pferd aus, wie seine Cherusker im Hagel der römischen Pfeile verbluten. Der Durchbruch ist nicht zu schaffen, die Verluste sind zu groß. Enttäuscht muss er sich eingestehen, dass der Angriff auf Aliso gescheitert ist. Arminius befiehlt den Rückzug. Sein Onkel, der Cheruskerführer Inguiomar, protestiert. Er will weiterkämpfen und den Angriff fortsetzen. Abwehrend hebt Arminius die Hand. »Nein!«, sagt er müde und von den tagelangen Strapazen erschöpft, »wir müssen es mit einer Belagerung versuchen und die Römer aushungern!«

Alle Cheruskerführer halten Kriegsrat. Da keiner eine andere Lösung parat hat, wird Arminius' Vorschlag angenommen. Die Belagerung beginnt. »Sie kann lange dauern!«, lässt er seine Krieger wissen. »Wir müssen Geduld haben. Und auch des Nachts die Augen aufhalten. Zündet Feuer an und schickt Späher aus, sie sollen die Umgebung von Aliso genauestens erkunden!« Die Männer gehorchen. »Und wenn die Römer nun von Castra Vetera aus eine Legion herüberschicken, um Aliso zu befreien?«, fragt einer. »Die könnte in ein paar Tagen hier sein. Was dann?« Arminius zögert nicht mit seiner Antwort. »Dann werden wir uns sofort zurückziehen! Im offenen Gelände sind wir ihnen nicht gewachsen.«

Aber es kommt keine Legion aus Castra Vetera. Nach ein paar Monaten lässt Caedicius acht gefangene Cherusker frei. Die Römer haben ihnen die Hände abgehackt. Unter großen Schmerzen erzählen die Verstümmelten, wie man sie vor ihrer Freilassung an vollen Getreidespeichern vorbeiführte. »Die haben noch genug Nahrungsvorräte!«, stammelt ein Cherusker. Doch dem ist nicht so; in Wahrheit gehen die Vorräte zur Neige. Auch Lucius Caedicius versteht sich auf psychologische Kriegsführung. Er hat alles Getreide in wenige Speicher zusammentragen und die Gefangenen dann eine ganze Nacht lang immer wieder daran vorbeiführen lassen, um so den Eindruck zu erwecken, es gäbe in Aliso noch jede Menge Getreide und eine weitere Belagerung sei aussichtslos. Ihm ist jedoch längst klar, dass sie nicht mehr lange werden aushalten können. Ihnen bleibt nur noch eine Chance: der Ausbruch! Den harten germanischen Winter werden sie vielleicht noch überstehen, zum Hunger kommt nun aber auch noch das Frieren in Frost und Schnee dazu. Aber dann müssen sie ausbrechen oder alle im Lager elend verrecken.

Während der Wintermonate erleben die Cherusker eine neue Überraschung. Die Römer machen plötzlich einen mutigen Ausfall, nur um größere Mengen des Brennholzes an sich zu bringen, das die Cherusker in der Nähe des Lagers aufgeschichtet haben. Caedicius befürchtet nicht zu Unrecht, der Feind könne die riesigen Holzvorräte dazu benutzen, die Festung auszuräuchern. Mit dem Ausfall erweckt er den Anschein, im Kastell herrsche großer Mangel an Brennholz. Das entspricht nicht den Tatsachen, denn in der Festung gibt es noch genug davon. Die Cherusker fallen auf die Finte herein und bringen das Brennholz schleunigst außer Reichweite. Die Gefahr des Ausräucherns ist damit gebannt.

Einige Zeit später verfällt Caedicius auf eine neue Kriegslist. Ein paar mit Trompeten ausgerüsteten Legionären gelingt es, sich in einer mondlosen, stürmischen Nacht unbemerkt durch den Belagerungsring der Cherusker zu schleichen. Kurz darauf folgt ihnen die gesamte Besatzung einschließlich Frauen und Kinder. Das bleibt den Cheruskern natürlich nicht verborgen, sie setzen zum Angriff an. Doch da erschallen in ihrer Flanke aus einiger Entfernung plötzlich römische Trompetensignale. Angriffssignale! Der Trick gelingt. Die Cherusker glauben, die römische Legion des Legaten Asprenas aus Castra Vetera sei, wie befürchtet, tatsächlich eingetroffen, um Aliso zu befreien. Deshalb sehen sie von einer Verfolgung ab und ziehen sich zurück. Lucius Caedicius gelingt es, die noch am Leben gebliebenen Männer und Frauen aus Aliso herauszubringen und ins sichere Lager bei Xanten am Rhein zu überführen. Darunter sind auch einige wenige, denen es gelungenen war, sich nach dem großen Gemetzel in den Wäldern und Schluchten bis Aliso durchzuschlagen. Sie müssen nun in der Provinz bleiben, denn auf Befehl ihres Kaisers Augustus dürfen sie zur Strafe für ihre Niederlage Rom nie wieder betreten.

12
Thusnelda

Die gelungene Rettung der Römer aus Aliso ist ein kleiner Wermutstropfen im noch immer anhaltenden Siegestaumel der germanischen Stämme und zugleich ein Kratzer am frischen Ruhm des Arminius. Sein Ansehen ist zwar gestiegen, aber nun spürt er auch zunehmend Misstrauen und Neid, vor allem bei Segestes. Der Cheruskerfürst hatte sich an den Kämpfen gegen die drei Legionen des Varus beteiligt, doch nicht persönlich und nur widerwillig, weil ihn ein Volksbeschluss dazu zwang. Nun hält Arminius die Zeit für gekommen, den Verrat des Segestes zu rächen, so wie es uraltes, ungeschriebenes Germanenrecht verlangt. Die angesehensten Fürsten der Cherusker, Chatten und Marser kommen in einem Thing zusammen und beschließen einstimmig die Ächtung des Segestes. Er wird aus dem Rat ausgeschlossen und muss alle Waffen ausliefern, auch die seiner Männer. Sein befestigtes Anwesen darf er behalten. Über eine Bannmeile hinaus darf er es jedoch nicht mehr verlassen, auch nicht zur Jagd.

Mehrere Orte streiten noch heute um die Anerkennung, dieser Fürstensitz des Segestes gewesen zu sein. Vieles spricht für die wenige Kilometer südlich vom heutigen Paderborn gelegene Eresburg auf dem Obermarsberg an der Diemel, die bei Karlshafen in die Weser mündet. Da man aber erst vor wenigen Jahren etwas südlich von Höxter auf dem Desenberg bei Warburg eine Cheruskersiedlung entdeckt hat, die so gelagert war, dass sie beste Verteidigungsmöglichkeiten gegen einen Angriff bot, kann auch hier die Heimstatt des Segestes gewesen sein.

Arminius selbst überbringt ihm den Urteilsspruch. Während seines Aufenthalts auf der Burg trifft er Thusnelda wieder, die Tochter des Segestes. Als Arminius sie kurz nach seiner Rückkehr vom Pannonienfeldzug auf einem Festbankett zum ersten Mal gesehen hatte, verliebte er sich sogleich bis über beide Ohren in sie. Immer wieder fand er Gründe und Möglichkeiten, sie zu treffen und mir ihr allein zu sein. Das musste bald in aller Heimlichkeit geschehen, denn Segestes war strikt gegen diese Verbindung. Er hatte die Hand seiner Tochter bereits dem Sohn eines anderen Cheruskerführers versprochen. Aber Arminus ist das egal. Er möchte Thusnelda unbedingt zur Frau haben. Und als er ihr jetzt auf der Burg in Gegenwart ihres Vaters wiederbegegnet, überlegt er, wie er das anstellen kann. Er weiß, dass Thusnelda ihn ebenfalls liebt. Sie hat mit seinem plötzlichen Erscheinen gar nicht gerechnet und errötet, als er ihr tief in die Augen sieht und zärtlich ihre Hand berührt.

Wie hat sie wohl ausgesehen, diese begehrenswerte Fürstentochter, deren Name uns von Tacitus überliefert ist? Wir wissen es nicht. Tacitus schreibt darüber nichts. Er berichtet in seinen »Annalen« (I,57) nur, sie sei »mehr von des Gatten als von des Vaters Geist« gewesen. Auch in anderen Quellen findet sich nichts. Strabo erwähnt lediglich kurz Thusneldas Namen. Ihr Geburtsjahr ist unbekannt. Vermutlich war sie 18 oder 19 Jahre alt, als Arminius ihr begegnete.

Deshalb kann ich es getrost Ihnen überlassen, sich diese junge Frau in der Fantasie auszumalen. Von zarter, feingliedriger Gestalt war Thusnelda sicherlich nicht. Eher wird sie, wie die meisten Germaninnen dieser Zeit, einen starken, gesunden Körperbau gehabt haben mit einem vollen, wohlgeformten Busen, hoher Stirn und hellen blauen Augen. Vielleicht hat sie ein ärmelloses Kleid getragen, als sie ihren Geliebten auf der Burg ihres Vaters unerwartet wiedersieht, ein schlichtes, die Körperformen betonendes Wollkleid, das mit einer doppelreihigen Kette aus großen Bernsteinen geschmückt und unterhalb der Brüste durch eine Kordel zusammengeschnürt war. Vielleicht hat es sogar ziemlich viel von ihnen offenbart und auch den Blick auf kräftige nackte Schenkel freigegeben und auf einfache Ledersandalen an den Füßen. Keine Prinzessinnenrobe, keine auffallende, wertvolle Tracht, denn anders als in vornehmen Kreisen der Römer pflegten Frauen und Töchter germanischer Fürsten durchaus in Haus und Hof mitzuarbeiten. Und auch nichts von dem überladenen Postkartenkitsch der Wilhelminischen Kaiserzeit. Oder der heroischen, in wallende Gewänder gehüllten Thusnelda auf dem 1786 entstandenen Ölgemälde Angelika Kauffmanns »Hermann von Thusnelda gekrönt« oder dem von Wilhelm Tischbein 1822 gemalten Bild »Hermann und Thusnelda«. Ich stelle mir diese Thusnelda jedenfalls ganz anders vor.

Und ganz sicher wird sie ihren geliebten Arminius auch nicht so empfangen haben, wie sich das unser deutscher »Odendichter« Friedrich Gottlieb Klopstock (1724–1803) mit feierlicher, beseelter Sprache in seinem reimlosen Gedicht »Hermann und Thusnelda« vorgestellt hat: »Ha, dort kömmt er mit Schweiß, mit Römerblute, mit dem Staube der Schlacht bedeckt! So schön war Hermann niemals! So hat's ihm nie von den Augen geflammt! Komm! Ich bebe vor Lust ...«. Hut ab vor dem, was unser Landsmann vor rund 200 Jahren da vor Augen gehabt hat, wenngleich das heutzutage leider kaum noch einer liest oder höchstens mit einem belustigten Lächeln auf den Lippen. Aber leidenschaftlich und verlockend war sie schon, diese stramme Thusnelda. Am liebsten möchte sie Arminius gleich um den Hals fallen: »Wie glüht die Wange! Hermann, Hermann, so hat dich niemals Thusnelda geliebt!« Mein Gott, ja, verstehen kann man das schon. Da steht der edle Recke vor ihr, und sie kann ihrer Liebe nicht freien Lauf lassen, kann sich ihm nicht hingeben, weil ständig das strenge Auge ihres Vaters über sie wacht.

Aber vielleicht hat sie es in dieser kurzen gemeinsamen Zeit auf der Eresburg – ich entscheide mich für diesen Ort – doch getan. Denn wir wissen von Tacitus, dass Thusnelda schwanger wurde. Wahrscheinlicher ist aber, dass das junge Liebespaar erst intim wurde, als es ganz ungestört zusammensein konnte. Ich höre schon Ihre Frage: »Wie das? Hat nicht Segestes stets sorgsam über sie gewacht?« Ja, ja, das schon. Im Grunde hält er sie auf seiner Burg sogar gefangen. Er liebt seine einzige Tochter sehr und muss nun mit ansehen, wie sie, obwohl sie gemäß seinem Wunsche bereits mit einem anderen Mann verlobt ist, mit Arminius herumturtelt. Das betrübt Segestes zutiefst. Und da er als Römerfreund die römische Geschichte gut gekannt haben wird, auch Einzelheiten aus der Kaiserfamilie, hat er sich möglicherweise ein wenig mit Augustus verglichen, dessen zügellose Tochter Julia einige Jahre zuvor wegen ihres sittenlosen Lebenswandels zum Gespött ganz Roms geworden war. Der Kaiser musste seine geliebte Tochter verstoßen und auf die Insel Pandateria verbannen. Segestes tut deshalb alles, um sich ein ähnliches Vaterschicksal zu ersparen.

Aber gegen Arminius' Einfallsreichtum und Entschlossenheit ist er machtlos. Der verliebte Mann hat längst eine Lösung parat. Zusammen mit ein paar Reitern erscheint er eines Nachts auf der Burg, entführt Thusnelda kurzerhand und nimmt sie zur Frau. Genau genommen ist es gar keine Entführung. Thusnelda ist damit einverstanden, Gewalt wird nicht angewandt. Vermutlich haben die beiden diesen Plan bereits ausgeheckt, als Arminus auf der Eresburg weilte, um Segestes den

Schiedsspruch zu verkünden. Nun steht Thusnelda, wohl in Begleitung einer Dienerin, außerhalb der Burg hinter Hecken und Bäumen verborgen, in der Dunkelheit der Nacht bereit, um ihrem Geliebten zu folgen. Eine herzergreifende, rührende Szene. Und ein kühner Entschluss, der – wie wir noch sehen werden – sehr unschöne Folgen für Thusnelda haben wird. Aber folgte nicht auch die schöne Helena ihrem zu allem entschlossenen Paris? Und die blutjunge Julia ihrem geliebten Romeo?

Was den Helden Homers und Shakespeares geschieht, widerfährt auch Arminius und Thusnelda: Die Dichtung nimmt sich ihrer Liebe an. Kein Geringerer als Heinrich von Kleist stellt in seinem 1808 geschriebenen und als Auflehnung gegen die napoleonische Besatzung gedachten, aber erst 1860 nach seinem Tode uraufgeführten Schauspiel »Die Hermannsschlacht« das junge Glück der beiden dar. Arminius nennt sein Weib liebevoll »Thus-chen«. Ich weiß nicht, wie ein begabter Dramatiker unserer Tage ein solches Geschehen umsetzen und auf die Bühne bringen würde. Und ob er es überhaupt täte. Kleists »Hermannsschlacht« ist schwer spielbar, vor allem in unserer Zeit. Dennoch wird sie hin und wieder aufgeführt. Im Herbst 2007 feierte das Stück im Hamburger Schauspielhaus ein erneutes, allerdings recht umstrittenes Comeback. Arminius – oder meinetwegen eingedeutscht Hermann – und Thusnelda sind zu einem zeitlosen Liebespaar geworden.

Da sich mit Kleists Stoff Generationen von Gymnasiasten abmühen mussten, waren sie – so will es die Legende – so missvergnügt und verdrossen, dass sie aus Thusnelda die abfällige Bezeichnung für Ehefrauen oder Lebenspartnerinnen schlechthin machten. Und irgendwann ist dann die »Tussi« daraus geworden. War der Name Thusnelda noch im 19. Jahrhundert ausschließlich positiv besetzt, so ist jetzt das Gegenteil der Fall. Die Tussi ist heutzutage das Rollenklischee für eine zickige, arrogante und dazu noch dumme Frau, die sich – meist blond – nach außen hin modebewusst und besonders schön gibt, aber auch als spröde und hilfsbedürftig wahrgenommen wird. Sie ist quasi das weibliche Pendant zum Macho. Thusnelda, Thusnelda, was ist aus dir geworden? Arminius würde sich im Grabe umdrehen, wenn er dich heute so sähe!

Als er sie auf seinem Anwesen beglückt in den Armen hält und zur Frau macht, ist sie alles andere als eine »Tussi«. Sie bringen mich in Verlegenheit, wenn Sie mir nun die Frage stellen »Waren sie denn wirklich verheiratet?« Ich muss gestehen, das weiß ich nicht. Ich habe auch niemanden gefunden, der das genau belegen kann. Vielleicht lebten Arminius und Thusnelda auch nur, wie wir heute sagen würden, in »wilder Ehe« zusammen. Nach germanischem Recht und Brauch galten sie nur als Eheleute, wenn vorher auch bestimmte formelle Handlungen wie Brautkauf, Mitgift und Gegengabe vollzogen wurden. Zwischen Arminius und Thusnelda fanden diese Handlungen vorher ganz sicher nicht statt, und es ist auch wenig wahrscheinlich, dass sie nachgeholt wurden. Für eine »wilde Ehe« sprechen ebenfalls die nun folgenden Unternehmungen des Segestes und die abenteuerlichen Ereignisse, die einem Indianer- oder Wildwestfilm alle Ehre machen würden.

Ich bin ziemlich sicher, dass es Segestes irgendwie erfahren hat: Er wird Opa! Das bringt ihn noch mehr auf die Palme. In seinen Augen ist das Kind, das seine unkeusche Tochter in drei, vielleicht vier Monaten gebären wird, ein Bastard. Er sieht nur eine Möglichkeit, Thusnelda wieder unter seine väterliche *munt*, seine Macht als Familienoberhaupt, zu bekommen. Er muss sie den Armen Arminius' gewaltsam entreißen! Wie er das angestellt hat, ist nicht überliefert. Fest steht nur, dass Thusnelda eines Tages wieder auf der Eresburg ist, mehr oder weniger als Gefangene. Segestes hat sie seinerseits entführt. Es ist wenig glaubhaft, wie einige neuzeitliche Autoren annehmen, dass sie freiwillig ihren Vater aufgesucht hat, um zu versuchen, den Familienfrieden wiederherzustellen und sich angesichts ihrer bevorstehenden Niederkunft mit den Eltern auszusöhnen.

Können Sie sich vorstellen, welche Reaktion dieser »Raub der Thusnelda« bei Arminius ausgelöst hat? Er ist außer sich! Sogleich stellt er eine kleine Streitmacht zusammen und zieht mit ihr zur Eresburg, um seinen Schatz zu befreien. Doch Segestes hat seine Anhänger mobilisiert. Sie verbarrikadieren sich auf dem steilen Bergkegel, und über Waffen verfügen sie inzwischen auch wieder. Weiß der Himmel, wo sie die durch heimlichen Handel herbekommen haben! Arminius kann die Burg nicht einnehmen. Wohl oder übel muss er zu dem Mittel greifen, das er schon bei Aliso eingesetzt hat: Er belagert die Eresburg, vermutlich den ganzen Winter über. Wir wissen, was das bedeutet. Grimmige Kälte, meterhoher Schnee, eisige Winde, die über Heide und Moore streichen, und ringsherum Einsamkeit. Menschen und Tiere verkriechen sich. Und nur der Rauch, der aus den Essen der Burggehöfte in den bleichen Himmel aufsteigt, zeigt an, dass dort überhaupt noch Leben ist. Aber nicht mehr lange, denn die Nahrung geht zur Neige. Das Frühjahr werden die Eingeschlossenen kaum noch überstehen. Segestes entschließt sich, die Römer um Hilfe zu bitten. Aber die überwintern am Rhein, und bis dahin ist es ein langer Weg. Und wie soll er jemanden durch die Belagerungstruppen schleusen?

Er beauftragt Segimer, seinen eigenen Sohn, mit dieser heiklen Mission. Sie ist sogar besonders gefährlich. Tacitus (Annalen I,57) verrät uns, warum: »In dem Jahre nämlich, in welchem Germanien abfiel, hatte er [Segimer], zum Priester beim Altar der Ubier erwählt, seine priesterlichen Bande zerrissen und war zu den Aufständischen geflohen.« In den Augen der Römer ist er also ein Verräter, denn die um *Oppidum Ubiorum*, dem späteren *Colonia Agrippinensis* und heutigen Köln, herum ansässigen Ubier waren Verbündete Roms. Verständlich, dass Segimer sich anfangs weigert, dieses Himmelfahrtskommando auszuführen. Doch vom Vater »zur Hoffnung auf römische Milde überredet«, gelingt es Segimer aufgrund der Nachlässigkeit einiger cheruskischer Krieger tatsächlich, zusammen mit ein paar Männern durch den Belagerungsring zu schlüpfen und unversehrt das römische Kastell zu erreichen. Dort wird er auch nicht gleich einen Kopf kürzer gemacht, sondern »gütig aufgenommen«, wie Tacitus berichtet, und angehört. Und sogar erhört. Denn Segestes ist bei den Römern, wie wir wissen, wahrlich kein Unbekannter. Sie reagieren auf seinen Hilferuf und schicken ein größeres Truppenkontingent zur Eresburg. Es steht unter dem Kommando eines neuen römischen Hoffnungsträgers, der fortan zum großen Gegenspieler Arminius' und seiner Cherusker wird. Vielleicht hat den römischen Feldherrn auch die Aussicht, auf Arminius zu treffen, zu der spontanen Hilfeleistung bewogen. Den Namen dieses »Shooting-Stars« möchte ich Ihnen noch nicht verraten. Ich werde ihm ein eigenes Kapitel widmen – er hat es verdient.

Tacitus vermeldet schlicht und einfach: »Man kämpfte mit den Belagerern und befreite Segestes mit einer großen Schar von Verwandten und Schützlingen. Dabei waren edle Frauen, und unter diesen die Gattin des Arminius ..., weder bis zu Tränen bezwungen noch mit einem Laute flehend, sondern die Hände unter dem Busen zusammengefaltet und auf den schwangeren Leib niederblickend.«

Wirklich, der Geschichtsschreiber Tacitus besitzt Einfühlungsvermögen und Vorstellungskraft und hätte ohne Weiteres auch einen Roman schreiben können, wenn es so etwas damals schon gegeben hätte. Er nennt Segestes, der nun vor dem römischen Feldherrn erscheint und eine Verteidigungsrede hält, »mächtig von Ansehen und im Bewusstsein seiner Bündnistreue unerschrocken.« Er gibt die Rede – fast 100 Jahre, nachdem sie gehalten wurde – wörtlich wieder und braucht dafür eine halbe Seite, weshalb ich es Ihnen erspare, sie an dieser Stelle lesen zu müssen. Nur soviel sei gesagt: Die Rede ist brillant und eines klassischen Theaterstückes würdig, vergleichbar der berühmten Rede des Marcus Antonius nach der Ermordung Caesars, wie sie William Shakespeare im dritten Akt seines Schauspiels »Julius Caesar« dramatisiert hat – nur eben mit dem Unterschied, dass aus Tacitus kein Shakespeare geworden ist. Man mag den dokumentarischen Wert der Rede anzweifeln, wenngleich durchaus denkbar ist, dass es römische Stenografen gab, die sie mitgeschrieben haben. Eines steht auf jeden Fall fest: Sie hat gewirkt! Denn Segestes wird in Gnaden aufgenommen. Tacitus merkt an, der Feldherr habe »in gnädiger Antwort seinen Kindern und Verwandten Sicherheit versprochen, ihm selbst einen Wohnsitz in der alten Provinz«, womit Südfrankreich gemeint ist. Auch sein Sohn Segimer bekommt seinen Posten in Köln wieder und darf dort am Heiligtum des Augustus als Priester fungieren.

Ja, und die schwangere, vom eigenen Vater ausgelieferte Thusnelda? Findet sie Mitleid und Erbarmen? Nein, man schickt sie als Geisel und Gefangene nach Rom, wo sie kurz darauf einen gesunden Sohn zur Welt bringt. Er erhält den Namen Thumelicus und wird nach Ravenna in fremde Obhut gegeben, eine Stadt, in der damals in berühmten Gladiatorenschulen Kämpfer für die Arena ausgebildet wurden. Leider ist über sein weiteres Schicksal nichts bekannt. Wir können nur vermuten, dass Thumelicus nach abgeschlossener Ausbildung als junger Gladiator nach Rom zurückgebracht wurde und dort in der Arena zur Belustigung der Römerinnen und Römer im Amphitheater umgekommen ist. Bei Tacitus ist lediglich zu lesen: »Wie mit dem zu Ravenna erzogenen Knaben die harte Laune des Schicksals nachmals ihr Spiel getrieben hat, werde ich zu seiner Zeit erwähnen.« Aber bei diesem Satz ist es geblieben, jedenfalls für uns. Denn die Teile seiner »Annalen«, in denen er Näheres über Thumelicus berichtet, sind verloren gegangen.

Auch Thusneldas weiterer Lebens- und Leidensweg bleibt im Dunkel der Geschichte verborgen. Wann sie – wahrscheinlich im Exil – verstorben ist, entzieht sich unserer Kenntnis. Auf jeden Fall muss es nach dem 26. Mai des Jahres 17 n. Chr. gewesen sein. Denn an diesem Tag wird Thusnelda, was wiederum bei Tacitus (Annalen II,41) nachzulesen ist, während des Triumphzuges des römischen Feldherrn als Siegestrophäe durch Rom geführt, zusammen mit Beutestücken, anderen Gefangenen und »Abbildungen der Berge, Flüsse und Schlachten«. Und von der Tribüne aus sieht der eigene Vater zu. Man hat Segestes extra zu diesem Schauspiel nach Rom beordert. Der römische Feldherr winkt der jubelnden Menge zu, als er mit stolz erhobenem, lorbeerumkränzten Haupt zusammen mit seiner Ehefrau Agrippina und seinen fünf Kindern im Triumphwagen durch die Straßen fährt und für Tacitus »eine herrliche Gestalt« abgibt. Vielleicht sieht er in der demütigenden Zurschaustellung der Gattin seines ärgsten Feindes auch eine persönliche Genugtuung. Nichts von Gnade, nichts von Großmut, der Mann genießt seinen Triumph!

Nun habe ich schon weit vorgegriffen und muss einräumen, dass es wirklich an der Zeit ist, Ihnen seinen Namen zu verraten und auf das zurückzukommen, was zwischenzeitlich auf römischer Seite geschehen ist. Und das ist eine ganze Menge. Der Mann im Triumphwagen ist im Grunde die Antwort Roms auf die Niederlage des Varus und den Untergang der drei Legionen 9 n. Chr. im Teutoburger Wald. Sein Name ist Germanicus.

13
Ein neuer Hoffnungsträger für das römische Weltreich

Wie wir schon gesehen haben, lässt Augustus nach dem Untergang seiner drei besten Legionen im Teutoburger Wald umgehend neue Legionen ausheben, nicht nur drei, sondern gleich sechs. Die Ziffern der mit Varus untergegangenen 17., 18. und 19. Legion dürfen nicht mehr verwendet werden. Die Soldaten werden auf Augustus persönlich vereidigt, nicht auf den römischen Staat oder den Senat. Und er ist auch der Erste, der sich eine persönliche Elitetruppe schafft, die Prätorianergarde, deren neun Kohorten in Rom stationiert sind. Die rund 9000 ausgewählten und besonders besoldeten Elitesoldaten sind zu nichts anderem als dem Schutz des Kaisers da. Vereidigung auf den Führer und persönliche Schutztruppe in schwarzen Uniformen mit weißen Runenzeichen auf den Kragenspiegeln – werden da nicht böse Erinnerungen wach an den unglückseligen Mann der »großdeutschen« Geschichte, der sich, allerdings nur in diesem Punkt, ein bisschen von Augustus hat inspirieren lassen? Für Augustus und seine Machtstellung ist es wichtig, seine Truppen fest in der Hand zu haben. Deshalb garantiert er ihnen auch einen geregelten Sold und sichert ihnen festgelegte Dienstzeiten zu. Auch das ist neu. Die Stärke der Rheinarmee wird auf acht Legionen erhöht. Das zeigt deutlich, dass Augustus nicht gewillt ist, klein beizugeben. Im Gegenteil, er will in Germanien wieder offensiv werden und überträgt zu diesem Zweck das Oberkommando seinem bewährten Feldherrn Tiberius. Augustus weiß, dass er sich in militärischen Dingen und der Führung des Heeres auf diesen Mann verlassen kann, persönlich hat er ihn jedoch nie leiden können.

Statt sofort offensiv zu werden, legt sich Tiberius im Jahre 10 n. Chr. mit Sorgfalt und größter Umsicht und Vorsicht – wie die antiken Autoren rühmend hervorheben – mit seinen Legionen am Rhein zunächst einmal auf die Lauer, um herauszufinden, welche Absichten die Germanen verfolgen. Erst im folgenden Jahr überschreitet er mit seiner Armee den Rhein, dringt jedoch aus Furcht, in eine erneute Falle zu geraten, nicht bis ins Landesinnere vor, sondern beschränkt sich darauf, die rechtsrheinischen Gebiete längs des Stroms zu verwüsten. Tiberius stellt schnell fest, dass sich Arminius und seine germanischen Stämme genau so klug und vorsichtig verhalten wie er selbst. Sie weichen den Römern aus und stellen sich nicht zur Schlacht.

Der Stellvertreter des Tiberius ist Germanicus (15 v. Chr.–19 n. Chr.), der Sohn seines Bruders Drusus. Er hat Tiberius schon auf den Feldzügen in Pannonien begleitet und dort vom Onkel das Kriegshandwerk und die Feldherrnkunst erlernt. Dem aufstrebenden jungen Mann, den Tiberius auf Geheiß des Augustus als Sohn adoptieren muss, wird allseits eine glänzende, steile Karriere vorausgesagt, zumal er mit Agrippina (d. Ä.) verheiratet ist, einer Enkelin des Kaisers. In der glücklich verlaufenden Ehe wird sie ihrem Ehemann, dem neuen Hoffnungsträger Roms, in den nicht nur der Kaiser größte Erwartungen setzt, in den nächsten 14 Jahren neun Kinder gebären. Der greise Augustus ist noch am Leben, und sein wahrscheinlicher Nachfolger Tiberius ist auch schon in den Fünfzigern, ein für das antike Rom im Gegensatz zur heutigen Zeit schon recht fortgeschrittenes Alter. Deshalb spricht alles dafür, dass der vor allem von den Soldaten vergötterte Germanicus alsbald der neue römische Kaiser sein wird. Insbesondere Sueton (Leben Caligulas III) lobt ihn in höchsten Tönen: »Man ist sich allgemein einig, dass Germanicus mit allen körperlichen und geistigen Vorzügen so glücklich ausgestattet war, dass niemand an ihn heranreichte. Ein gutaussehender Mensch von unvergleichlicher Tapferkeit und mit dem bemerkenswerten Talent gesegnet, sich die Gunst der Menschen zu erwerben und ihre Liebe zu gewinnen.« Doch ist er wirklich der große, strahlende Volksheld und überragende militärische Führer und Stratege gewesen, auf den sich alle beriefen, die mit der Regierung des Tiberius unzufrieden waren? Wir werden sehen. Am Ende der Schilderungen dieses und des nächsten Kapitels mögen Sie sich ihr eigenes Urteil bilden.

Am 19. August des Jahres 14 n. Chr. hat Augustus, wie Velleius schreibt, »im 76. Jahr seines Lebens seine himmlische Seele dem Himmel zurückgegeben.« Während einer Fahrt nach Capri und ins Hinterland von Neapel erkrankt Augustus an einer plötzlichen Diarrhö, von der er sich nicht mehr erholt. Er stirbt in Nola, nur einen Monat vor seinem 76. Geburtstag. Auf dem Sterbebett macht er noch Witze über all die Schauspielerei, die nötig gewesen sei, um das zu erreichen, was er sich vorgenommen hatte, und er bittet die Umstehenden, ihm nun beim Abgang von der Bühne des Lebens Applaus zu spenden. Seine Ehefrau Livia hält seinen Tod so lange geheim, bis ihr Sohn Tiberius in Rom eintrifft und dort sofort als Thronfolger präsentiert wird. Die Leiche des Augustus wird nach Rom überführt und unter großen Feierlichkeiten auf dem Marsfeld verbrannt. Seine Asche kommt ins Mausoleum, auf dessen zwei Bronzesäulen am Eingang die »Res gestae« eingraviert werden, ein Bericht über die Taten des Augustus.

Nun ist der 54-jährige Tiberius der erste Mann im Staate. Es ist wohl nicht übertrieben, wenn ich Ihnen verrate, dass er sich von Anfang an seinem Amte nicht gewachsen fühlt. Er scheut die Öffentlichkeit und zieht sich einige Jahre später auf die Insel Capri zurück, um dort ein lichtscheues und vor allem in sexueller Hinsicht absonderliches Leben zu führen. Wie Tiberius ausgesehen hat, wissen wir nicht genau. Es gibt unterschiedliche Darstellungen. Tacitus schildert ihn als »vollkommen kahlköpfig, mit Furunkeln im Gesicht, die er meist mit Pflastern bedeckte.« Natürlich zeigt die von ihm erhaltene Büste, die heute im Pariser Louvre steht, ihn weder mit Pickeln noch mit Glatze. Nach Sueton (Leben des Tiberius LXVIII) dagegen war er »hellhäutig und trug das Haar so lang, dass es sogar über den Nacken auf die Schultern fiel.« Er sei feist und kräftig gebaut gewesen und habe den Durchschnitt überragt, schreibt Sueton. Seine Arroganz sei unerträglich gewesen. »Mit steifem, vorgebeugtem Nacken ging er einher, die Gesichtszüge gewöhnlich streng und verschlossen ... Er schwieg die meiste Zeit.« Offenbar ein seltsamer, rätselhafter Mann, der beim Volk nicht beliebt ist. Tacitus und Sueton schildern ihn als heimtückischen Diktator, der vor Blutvergießen nicht zurückschreckt. Seine erste Amtshandlung als neuer Kaiser besteht erwiesenermaßen darin, Agrippa Postumus, den letzten Enkel seines Vorgängers, ermorden zu lassen. Nun kann ihm eigentlich nur noch Germanicus gefährlich werden. Er ernennt ihn zum Oberbefehlshaber der Rheinarmee, auch, um ihn auf diese Weise möglichst lange aus Rom fernzuhalten.

Die Legionäre der Rheinarmee sind enttäuscht. Sie bewundern und verehren ihren Truppenführer, vor allem wegen seiner Offenheit und Volksnähe, wie sie einst auch sein berühmter Vater Drusus besaß, und hätten anstelle des als arrogant und grausam geltenden Tiberius lieber Germanicus als neuen Kaiser ausgerufen. Außerdem verlangen sie mehr

Sold und eine verkürzte Dienstzeit. Es kommt, insbesondere in der 5. und 21. Legion, zu einer gefährlichen Meuterei, die Germanicus in eine sehr schwierige Lage bringt. Einerseits fühlt er sich seinen Soldaten verpflichtet, andererseits muss er sich gegenüber Tiberius loyal verhalten. Oder soll er tatsächlich nach der höchsten Würde im Staate greifen? Wer weiß, wie die Weltgeschichte verlaufen wäre, wenn er diesen Schritt tatsächlich gewagt hätte. Aber Germanicus entscheidet sich anders; er bleibt seinem Stiefvater treu. Als seine schwangere Frau Agrippina und sein Sohn Gaius, der spätere Kaiser Caligula, im Hauptquartier als Geiseln gefangen genommen werden und sich der Aufruhr der Legionäre in einer Art Blutrausch zu Mord und Totschlag steigert, gelingt es Germanicus und seinem Unterfeldherrn Caecina nur mit großer Mühe und mit äußerster Härte, der Meuterei ein Ende zu bereiten. Germanicus appelliert an die Ehre der Soldaten, beschwört ihre vergangenen Ruhmestaten und duldet dann ein großes Gemetzel, in dem die Aufrührer von den angeblich Gutwilligen niedergemacht werden. Tacitus (Annalen I,49) schreibt: »Verschieden von allen Bürgerkriegen, die sich jemals zugetragen, war dieses Schauspiel.« Schonungslos fügt er hinzu: »Und kein Legat, kein Tribun war beschwichtigend zugegen, zügellos ließ man die Menge Rache üben und sich satt morden.«

Um die Revolte letztlich ganz zu beenden, verspricht Germanicus seinen Soldaten, sie umgehend gegen den Feind zu führen. Tacitus formuliert das so: »Die noch wild bewegten Gemüter ergreift das Verlangen, zur Sühne ihrer Raserei gegen den Feind zu ziehen, nur durch ehrenvolle Wunden auf der schuldbeladenen Brust könnten die Geister ihrer Waffenbrüder versöhnt werden.«

Mit vier Legionen, acht Reitergeschwadern und 26 Hilfstruppen-Kohorten setzt Germanicus auf einer schnell errichteten Holzbrücke über den Rhein und führt sein Heer ohne jeden Tross in Eilmärschen in das Gebiet der Marser zwischen Lippe und Ruhr und sodann auf vom Feinde unbewachten Schleichwegen mitten durch den Caesischen Wald nördlich der mittleren Ruhr. Kundschafter melden ihm, die Germanen hätten gerade ein großes Opferfest zu Ehren ihrer Götter gefeiert und lägen nun in ihren Dörfern ahnungslos im Schlaf. Mitten in der Nacht umzingeln mehrere Einheiten römischer Legionäre die Dörfer und fallen über die völlig ahnungslosen Marser her, die nicht einmal Wachen aufgestellt haben, und richten ein ungeheures Blutbad an. In einem rasenden Amoklauf, wie er in der Geschichte seinesgleichen sucht, wird auf einer Breite von über 30 Kilometern alles durch Feuer und Schwert verwüstet und auch das von den Germanen am höchsten verehrte Heiligtum der Göttin Tanfana dem Erboden gleichgemacht. In den Dörfern entgeht kaum ein Marser dem Massaker; niemand wird verschont. Aus Rache für die toten Kameraden der Varus-Legionen werden auch Frauen, Kinder und Greise erbarmungslos abgeschlachtet. Nach einigen Stunden der Verheerung und Verwüstung lässt Germanicus zum Rückzug blasen. Gegenwehr hat es kaum gegeben, und nicht ein einziger Römer ist verwundet.

Die Kunde von diesem grauenvollen Niedermetzeln der Marser dringt schnell zu den Nachbarstämmen. In den nahen Waldgebirgen sammeln sich daraufhin kampfbereite Brukterer und Usipeter und stellen sich den bereits auf dem Heimmarsch befindlichen Römern in den Weg. Als die 20. Legion, die die Nachhut bildet, in Bedrängnis gerät und nun auch römische Legionäre getötet werden, sprengt Germanicus auf seinem Pferd heran und ruft den Soldaten der 20. Legion, wie Tacitus (Annalen I,51) berichtet, mit lauter Stimme zu, dies sei der Augenblick, den Aufruhr in Vergessenheit zu begraben. Sie möchten vorrücken und sich beeilen, ihre Schuld in Ehre zu verwandeln. Die Legionäre kämpfen verbissen, und es gelingt ihnen, den Feind aufs offene Feld zu treiben und dort zu vernichten.

Als diese Botschaft Rom erreicht und Tiberius im Senat darüber berichtet, wird Germanicus allseits gelobt, und man beschließt, ihn zu weiteren Rachefeldzügen aufzufordern. Sie sollen die Erinnerung an die vor fünf Jahren erlittene Schmach der Varus-Legionen endgültig tilgen. Der ehrgeizige Germanicus will es seinem berühmten Vater gleichtun; wie einst Drusus will er Germanien bis zur Elbe unterwerfen. Im Frühjahr 15 n. Chr. bricht er mit allen acht Legionen und vielen zusätzlichen Hilfstruppen und Reitergeschwadern zu einem großen Feldzug gegen die Chatten auf. Die römischen Legionäre fallen in ihr Land ein, brennen Mattium (Maden), den Hauptort der Chatten, nieder, töten die überraschten Bewohner und verwüsten alles Land ringsum. Als sich die römischen Legionen schon wieder auf dem Rückmarsch an den Rhein befinden, erreicht sie der Hilferuf des von Arminius belagerten Segestes. Wie wir bereits aus dem vorigen Kapitel wissen, kehrt Germanicus daraufhin sofort um, eilt Segestes, dessen Andenken bei den Römern noch immer in hohen Ehren steht, auf dessen Burg zu Hilfe und nimmt Thusnelda gefangen.

Für die Cherusker und die Anhänger des Arminius ist das eine unerhörte Provokation. Sie empfinden den neuen Gewaltakt der Römer als ehrlose Tat. Die Gefangennahme seiner schwangeren Frau macht Arminius, wie Tacitus (Annalen I,59) berichtet, »einfach rasend«. Mit »angeborener Heftigkeit« sowie der bangen Erkenntnis, dass »der Knechtschaft unterworfen, was die Gattin unter ihrem Herzen trug, durchfliegt er das Cheruskerland« und ruft »gegen Segestes und den Caesar« zu den Waffen. Dabei schreckt er nicht vor Hohn und Schmähungen zurück: »Was für ein herrlicher Vater, was für ein großer Imperator und welch ein tapferes Heer, die mit soviel Waffengewalt ein schwaches Weib hinweggeführt! Vor ihm seien drei Legionen mit ihren Kommandeuren niedergesunken, denn nicht mit Verrat und gegen schwangere Frauen, sondern offen, Mann gegen Mann, pflege er Krieg zu führen. Noch sehe man in den heiligen Hainen die römischen Feldzeichen, die man den Göttern geweiht!« Arminius stachelt seine Cherusker auf. Sie würden einen Germanicus, »einen unerfahrenen Jüngling und ein meuterisches Heer«, nicht fürchten, ruft er seinen Anhängern zu. »Wem die Heimat, die Eltern und das Hergebrachte lieber seien als neue Herrscher und ein Angesiedeltwerden irgendwo, der solle ihm zu Ruhm und Freiheit folgen und nicht dem Segestes in seine schimpfliche Knechtschaft!«

Diese Worte verfehlen ihre Wirkung nicht. Nun schließt sich auch Inguiomar, der Onkel des Arminius und »ein Mann von hohem Ansehen bei den Römern«, mit seiner starken Gefolgschaft den Kampfverbänden des Arminius an. Und auch die angrenzenden Nachbarstämme geraten in Bewegung. Germanicus verfolgt das mit Sorge. Ihm wird klar, dass seine bisherigen Unternehmungen den Hass der Germanen auf Rom nur noch mehr geschürt und sie nur noch mehr zusammengeschweißt haben. Um ihre Kräfte zu zersplittern, teilt er in einer groß angelegten Operation seine Truppen in mehrere Verbände auf. Vier Legionen stoßen unter der Führung des Aulus Caecina in das Gebiet der Brukterer bis an die Ems vor, wo ihnen der Adler der 19. Varus-Legion in die Hände fällt. Während die Reiterregimenter unter dem Präfekten Predo die Friesen im Norden angreifen, besteigt Germanicus selbst mit den restlichen vier Legionen die Rheinschiffe und fährt mit ihnen über die Nordsee bis in die Emsmündung hinein. Getreu dem strategischen Motto »Getrennt marschieren, vereint schlagen« treffen sich alle drei Heeresteile an der oberen Ems, wahrscheinlich in der Nähe der heutigen Stadt Rheine, und verwüsten den gesamten Landstrich zwischen Ems und Lippe.

Dabei kommen sie so nahe an den Ort der Varusschlacht heran, dass, wie Tacitus (Annalen I,61) schreibt, »den Caesar das Verlangen ergriff, nun die letzte Schuld den Kriegern und ihrem Führer abzutragen.« Germanicus marschiert mit seinen Truppen zum Schauplatz des Untergangs, wo, »wie man sagte, die Reste des Varus und der Legionen noch unbestattet lagen.« Als sie den halb eingestürzten Wall aus Grassoden und den flachen Graben erreichen, erfasst das ganze Heer angesichts der bleichen Gebeine der toten Kameraden, Anverwandten und Freunde großes Mitleid, und man denkt, wie Tacitus berichtet, sehr über »die Unwägbarkeiten des Krieges und das Los der ganzen Menschheit nach.« Legionäre, die die Schlacht überlebt haben, führen ihre Kameraden in den Engpass von Kalkriese und schildern ihnen die Örtlichkeiten und den Ablauf der damaligen grauenvollen Ereignisse. Hier seien »die Legaten gefallen«, sagen sie, »dort die Adler genommen worden.« Und hier habe »Varus seine erste Wunde empfangen«, und dort habe er »durch selbst geführten Streich den Tod gefunden.« Sie zeigen, »auf welcher Erhöhung Arminius gesprochen, wie viele Galgen für die Gefangenen, welche Gruben für die Hingerichteten bereit gehalten wurden, und wie er der Feldzeichen und Adler gespottet habe.« Die Gebeine der gefallenen Legionäre liegen »bald zerstreut, bald angehäuft«, umgeben von »Pferdegerippen und Trümmern von Waffen«. Die Soldaten des Germanicus sehen »zugleich vorn an Baumstämmen befestigte Schädel« sowie in den benachbarten Häusern »die Altäre der Barbaren, an welchen sie die Tribunen und die Zenturionen der ersten Reihen geschlachtet haben.«

Ich weiß nicht, vielleicht ergeht es Ihnen so wie mir und Sie spüren angesichts des Originaltextes ebenfalls das Schaudern, von dem der sonst so nüchterne Tacitus beim Schreiben dieser fast 2000 Jahre alten Zeilen offenbar erfasst worden ist: »So bestattete denn das anwesende Römerheer im sechsten Jahre nach der Niederlage die Gebeine der drei Legionen, ohne dass einer erkannte, ob er fremde Reste oder die der Seinigen mit Erde bedeckte, alle als Verwandte, als Blutsfreunde, und mit gesteigerter Erbitterung gegen den Feind, voll Betrübnis zugleich und Ingrimm.« Als Tiberius im fernen Rom von dieser außergewöhnlichen Totenfeier erfährt, ist er außer sich. In scharfem Ton missbilligt er das Verhalten des Germanicus, weil er befürchtet, das »Heer sei durch den Anblick der Erschlagenen und Unbestatteten gelähmt und nun im Kampf furchtsamer gegen den Feind geworden.« Tacitus meint, es geschah auch, »weil er alles an Germanicus nachteilig deutete.« Der wahre Grund für die scharfe Rüge ist wahrscheinlich darin zu sehen, dass Tiberius seinem Feldherrn den neuen Ruhm neidete, den er mit dieser symbolträchtigen Handlung errungen hatte, die vor allem die Soldaten, aber auch das Volk in Rom tief beeindruckte.

Auch Arminius und seinen Streitkräften ist das erneute Erscheinen römischer Legionen im Engpass von Kalkriese nicht verborgen geblieben. Arminius hält Tuchfühlung zu ihnen, was wiederum Germanicus nicht entgeht. Er befiehlt seinen Reiterverbänden, die Germanen zu verfolgen. Sie tun es, merken aber nicht, dass sie immer mehr in unwegsames Gelände geraten. Und plötzlich stehen sie, bedrängt von Speeren und Lanzen der germanischen Krieger, mit dem Rücken zu einem gefährlichen Sumpf. Beinahe käme es zu einer neuen Katastrophe für die Römer, wenn nicht Germanicus noch rechtzeitig erkennen würde, dass seine Kavallerie in eine böse Falle geraten ist. Er befiehlt sofortige Schlachtordnung für seine Legionen und setzt sie zum konzentrierten Angriff an. Die Legionäre können ihre Reiter heraushauen und gerade noch ein Unentschieden erreichen.

Daraufhin beschließt Germanicus den Rückzug an den Rhein. Wie beim Hinmarsch teilt er seine Truppen erneut in drei Verbände, die die sicheren Kastelle am Rhein auf verschiedenen Wegen erreichen sollen. Das erweist sich als strategischer Fehler. Denn Caecina, der mit vier Legionen, insgesamt rund 30.000 Mann, über »die langen Brücken« (*pontes longi*), einer vor Jahren angelegten Bohlenstraße von der Ems an den Rhein, etwa auf der Linie Rheine-Xanten zurückmarschieren soll, wird von den in Eilmärschen und in großer Kampfstärke heranrückenden Cheruskern überholt und mit voller Wucht angegriffen, als die Legionäre gerade ein Nachtlager errichten wollen. Wieder besteht das Gelände aus tiefem Morast, und wieder geraten die Römer, die im Gegensatz zu den Cheruskern in diesem Sumpf nicht kämpfen können, in eine äußerst bedrohliche Lage. Arminius feuert seine Krieger an und ruft ihnen zu: »Seht da! Varus und die Legionen, aufs Neue durch das gleiche Schicksal wehrlos!« Es sieht tatsächlich so aus, als seien erneut kampferprobte römische Legionen dem totalen Untergang geweiht.

Aber diesmal sind es nicht drei, sondern vier, und Caecina ist nicht Varus. Mit der Erfahrung von über 40 Dienstjahren in der römischen Armee bewahrt der alte, schon ergraute Haudegen, der sich aus dem Mannschaftsstand bis zum General hochgedient hat, kühlen Kopf und tut mit eiserner römischer Disziplin das in dieser Situation einzig Richtige: Er verschanzt sich mit allem, was von seiner mitgenommenen Streitmacht noch übrig ist, im Lager, aber nicht mit der Absicht, es zu verteidigen, sondern, um einen Angriff der Germanen abzuwarten und sie dann durch einen Ausfall aus allen Toren im Rücken anzugreifen und niederzukämpfen. Das sei die einzige Chance, sagt er zu seinen Soldaten, den Weg zum Rhein freizumachen und dem drohenden Untergang in dieser Mausefalle zu entkommen. Ein einfacher Plan, aber er gelingt. Doch nur, weil die Germanen ihrerseits einen Fehler machen.

Ihre Führer besprechen sich, was in dieser Lage am besten zu tun sei. Der erfahrene Arminius kennt die Römer und ihre Taktiken, ihre Stärken und Schwächen, genau. Er schlägt vor abzuwarten, bis die römischen Legionen ihr Lager verlassen. Sie hätten zu wenig Proviant und könnten nicht lange ausharren. Auf dem Marsch würde man sie dann umzingeln und in den angrenzenden Wäldern wie die Varus-Legionen vernichten. Sein ungestümer Onkel Inguiomar ist jedoch anderer Ansicht. Er will das Lager sofort erstürmen, denn dann könne man mehr Beute und mehr Gefangene machen. Diese Aussicht ist zu verlockend, als dass die anderen Führer ihr widerstehen könnten. Mit Mehrheit beschließen sie den sofortigen Angriff für den nächsten Morgen.

Tatsächlich kommt der Angriff zunächst gut voran, und Inguiomar frohlockt schon. Es gelingt, die Gräben mit Unterholz und Reisigbündeln zuzuschütten und den dahinter errichteten Wall zu erklimmen, den die Römer absichtlich nur schwach besetzt haben. Aber dann beginnen die Legionäre wie geplant mit ihrem Ausfall, fassen die Germanen im Rücken, schleudern ihre Pilen, die schweren Wurfspeere mit langen Eisenspitzen, schlagen mit den Schwertern auf die Germanen ein und gewinnen im Kampf Mann gegen Mann die Oberhand. Inguiomar wird schwer verwundet, und Arminius befiehlt den Rückzug, um nicht noch mehr Männer zu verlieren. Hätte man auf ihn gehört, wären die vier Legionen mit großer Wahrscheinlichkeit vernichtet worden, und man würde sicherlich noch heute von einer ruhmreichen zweiten Schlacht im Teutoburger Wald sprechen, die den Untergang des Varus noch übertroffen hätte. Eine derartige erneute Katastrophe hätte Rom wohl kaum verkraften können, vermutlich hätte man alle Germanienpläne sofort aufgegeben. So aber gelingt es dem kaltblütigen Caecina tatsächlich, mit dem Rest seiner Legionen den Rhein zu erreichen. Der Status quo bleibt erhalten.

Aber an der Heimatfront am Rhein macht sich Unruhe breit, und Gerüchte gehen um. In den Lagern und Kastellen heißt es plötzlich, eine riesige Armee der Germanen sei im Anmarsch und stürme auf Gallien zu. Als man in Panik die Rheinbrücken zerstören will, ist es Agrippina, die Frau des Germanicus, die das in der später nach ihr benannten Colonia Agrippina, dem heutigen Köln, verhindert. Durch ihr energisches Dazwischentreten wird die Rheinbrücke gerettet. Tacitus (Annalen I,69) berichtet, Agrippina habe vorn an der Brücke gestanden und den verwundet und zerlumpt heimkehrenden Legionären des Caecina »Lob und Dank gespendet«. Sie habe die Soldaten verbunden und verpflegt und sie neu eingekleidet. Als Tiberius in Rom davon erfährt, dass nun auch noch eine Frau – und ausgerechnet die des Germanicus – durch ihre Tat Ruhm und Ehre auf sich und ihren Namen geladen hat, schnaubt er wütend: »Was bleibt da noch den Imperatoren, wenn sich jetzt schon eine Frau zu den Feldzeichen begibt, die Truppen mustert und sich bemüht, mit Spenden die Gunst der Soldaten zu gewinnen?« Außerdem trage sie ständig ihren kleinen Sohn in einfacher Soldatenkleidung im Lager herum und nenne ihn mit dem Namen, den ihm die Soldaten gegeben haben: *Caesar Caligula* (»Stiefelchen«). Die Soldaten hätten freilich besser daran getan, ihn schnellstens in den Rhein zu werfen, wenn sie gewusst hätten, dass sich dieses Bübchen einmal als eines der größten Scheusale entpuppen sollte, die je auf einem Kaiserthron gesessen haben.

Indessen gerät auch Germanicus selbst, der mit seinen vier Legionen die Nordseeküste erreicht hat und dort nur zwei Legionen an Bord gehen lässt, um die Schiffe zu entlasten, in größte Schwierigkeiten. Er unterstellt die 2. und 14. Legion dem Kommando des Publius Vitellius und befiehlt ihm, ohne die geringste Kenntnis von den Tücken der Nordsee zu haben, mit ihnen direkt an der Küste entlang zu marschieren. Am Strand werden die Legionäre von einer plötzlichen Sturmflut überrascht. Das Land wird überschwemmt, und viele Soldaten werden ins Meer hinausgerissen und »von den Strudeln verschlungen«, wie Tacitus (Annalen I,70) berichtet. Nur einem kleinen Teil gelingt es, höher gelegenes Terrain zu erreichen und buchstäblich die nackte Haut zu retten.

Wenn Sie an dieser Stelle ihre Augenbrauen hochziehen und die Stirn in Falten legen, sind wir offensichtlich einer Meinung: Das Jahr 15 war ein einziges Debakel für den hoch gelobten und viel gerühmten 30-jährigen Gaius Julius Caesar Germanicus, wie sein voller Name lautet. Er hat zwar viel Land verwüstet und auch einen römischen Adler zurückgewonnen, aber es ist ihm nicht gelungen, den Feind entscheidend zu schwächen. Im Gegenteil: Während er selbst große Verluste erlitten hat, ist Arminius gestärkt aus dem Zweikampf hervorgegangen. Er hat einem römischen Heer mit acht Legionen und 30 Hilfskohorten und insgesamt über 80.000 Soldaten standgehalten. Nein, es kann keinen Zweifel darüber geben: Germanicus ist ziemlich angeschlagen. Auch der Kaiser in Rom sieht das so. Tiberius überhäuft ihn zwar mit Ehrungen, verlangt aber zugleich, dass der Krieg in Germanien sofort beendet wird.

Aha, werden Sie sagen, dann ist dieses Buch ja gleich zu Ende. Schade, sagen vielleicht die einen, Gott sei Dank die anderen. Aber ich kann Ihnen versichern: Der Kampf um Germanien ist noch nicht ausgestanden. Die Römer bleiben sozusagen weiterhin frech, und das erbitterte Ringen zwischen Arminius und Germanicus geht in die nächste Runde. Das liegt ganz einfach daran, dass sich Germanicus nicht an das hält, was ihm aus Rom befohlen wird. Denn er will es seinem Vater gleichtun und in die Geschichte als Bezwinger Germaniens eingehen. Folglich schmiedet er für das folgende Jahr neue Pläne, wie er möglichst schnell alle Germanen bis hin zur Elbe unterwerfen kann. Schauen wir mal im folgenden Kapitel, wohin das führt.

14
Der Stern erlischt schnell

Zu Beginn des neuen Jahres 16 analysiert Germanicus seine Lage und die momentane militärische und politische Situation wie ein Schachspieler die Stellung der Figuren auf dem Brett. Moment mal, werden Sie sagen, das kann ja gar nicht sein! Zu dieser Zeit gab es das Schachspiel noch gar nicht, es ist doch erst rund 800 Jahre später in Indien entstanden! Sie haben vollkommen Recht. Aber dennoch möchte ich gern bei diesem Vergleich bleiben. Denn er kommt dem, was Germanicus wohl in jenen Tagen durch den Kopf geht, so nahe, dass Sie mir diese kleine Gaukelei verzeihen mögen. Germanicus ist sich schnell darüber klar: Es steht schlecht! Vor seinen Misserfolgen verschließt er durchaus nicht die Augen, er versucht vielmehr herauszufinden, was genau sie verursacht hat. Ihm fällt auf, dass Arminius immer dann angegriffen hat, wenn sich die römischen Legionen auf dem Marsch befanden. Dann mussten sie meistens durch waldreiches Gelände, schmale Gebirgstäler und gefährliche Sümpfe hindurch, was sie daran hinderte, in Schlachtordnung zu marschieren. Dies war eindeutig die Schwachstelle. Wenn er Arminius besiegen wollte, musste er versuchen, ihn in offener Feldschlacht auf freiem Gelände zu stellen. Und er musste lange Märsche vermeiden. Das war jedoch nur möglich, wenn seine Truppen samt Reiterei und Tross per Schiff übers Meer und die Flüsse hinauf möglichst tief und ungeschwächt ins Zentrum des Feindeslandes vordrangen.

Für eine derart umfangreiche und wagemutige Operation war eine große Rhein- bzw. Nordseeflotte nötig. Die war aber nicht vorhanden. Außerdem waren die Römer geborene »Landratten«. Sie liebten das Meer nie und waren kein Seefahrervolk wie die Akkader, Kreter, Ägypter oder Phönizier, die sich vom Wasser nicht abschrecken ließen und über die Meere weitreichenden Handel trieben. Für die Römer war das Meer stets das Unbeständige, Unsichere und Unzuverlässige schlechthin. Zu Seefahrern wurden sie nicht aus Lust, sondern aus Notwendigkeit.

Navigare necesse est (»Seefahrt tut Not«) rief Pompeius (106–48 v. Chr.), wie Plutarch (Pompeius, 50) überliefert, Schiffern zu, die bei einem schweren Sturm nicht auslaufen wollten. Und er fügte hinzu: *Vivere non est necesse* (»leben nicht«). So steht es noch heute auf dem 1525 in Bremen gegründeten »Haus Seefahrt«: »Zur See fahren muss man, leben muss man nicht.« Auch Kaiser Augustus hatte das erkannt. Er ließ in Misenum am Golf von Neapel und in Ravenna an der Adria zwei neue Kriegshäfen bauen und schützte die Küsten des Imperiums durch zwei strategisch wichtige Hauptflotten. Bald operierten römische Schiffe auch im Atlantik, im Ärmelkanal und in der Nordsee bis hin zu den Orkneyinseln und der Nordspitze des heutigen Jütland, dem Kap Hagen im Skagerrak.

Für Germanicus war der Gedanke an eine starke Nordseeflotte deshalb keineswegs neu, hatte doch sein Vater Drusus bereits 28 Jahre zuvor umfangreiche Operationen über die Zuidersee und die Nordsee unternommen. Germanicus erteilt zu Beginn des Jahres 16 den Auftrag, in den Werften am Rhein sofort 1000 Schiffe verschiedenster Art zu bauen. Er plant den Sieg über die Germanen bis ins letzte Detail. Diesmal darf nichts schief gehen! »Wir werden den germanischen Verräter Arminius vernichten und diesen räudigen Hunden eine Lektion erteilen, die sie nie mehr vergessen werden!«, hämmert er seinen Soldaten ein. »Die Gefahr für unser Reich muss ein für alle Mal beseitigt werden! Lang lebe Rom!« »Lang lebe Rom!«, erwidern die Offiziere begeistert.

Die römischen Werften erledigen den Bau der Flotte, die überwiegend aus Marinetransportern (*actuariae*) besteht, unter der Aufsicht des bewährten Caecina und mithilfe karthagischer Seemänner in erstaunlicher Schnelligkeit. Tacitus (Annalen II,6) berichtet, einige Schiffe seien kurz gewesen, »mit schmalem Hinter- und Vorderteil, aber weitem Bauche, um desto leichter den Wogen zu widerstehen«. Andere hätten einen flachen Kiel gehabt, »um ohne Schaden auf den Grund zu laufen«, und bei nicht wenigen wären an beiden Enden Steuer angebracht gewesen, »um durch plötzliche Wendung der Ruder bald mit dem einen, bald mit dem anderen anzulegen.« Viele Schiffe besaßen Verdecke, »um das Wurfgeschütz darauf zu transportieren« und zugleich »Pferde oder Lebensmittel« fortzuschaffen. »Leicht hinsegelnd und ruderschnell erhielten sie durch den fröhlichen Mut der Soldaten ein noch bedeutenderes und schreckenerregendes Aussehen.«

Bereits im Frühsommer des Jahres 16 kann sich die gesamte Rheinarmee einschiffen. Acht Legionen mit Reiterei und Hilfstruppen fahren von der Insel Batavorum aus, dem Land zwischen dem Nordarm des Rheins, der Waal und der Maas (dem heutigen Beveland und Walcheren) über die Nordsee an den Friesischen Inseln vorbei und – wenn wir Tacitus folgen wollen – die Amisia, die Ems, hoch und gehen wahrscheinlich in der Nähe des heutigen Jemgum an Land. Tacitus (Annalen II,8) meint, es sei ein Fehler gewesen, die Flotte am westlichen Ufer der Ems zurückzulassen, statt die Soldaten, die nach den rechts gelegenen Ländern ziehen sollten, noch weiter hinaufzufahren. Abgesehen davon, dass es mit den zum Teil schwer beladenen römischen Schiffen wohl gar nicht möglich war, die Ems, die schon damals schmaler und weniger tief war als die Weser, so weit flussaufwärts zu fahren, dass die Boote fast die Quellgebiete südlich des Teutoburger Walds erreichten, steht nach heute vorherrschender Meinung fest, dass Tacitus sich hier ganz einfach geirrt und die Flüsse verwechselt hat. Germanicus ist nicht die Ems, sondern die Weser hochgefahren. Wenn er das aber getan hat, so war es ganz natürlich, dass er am linken Weserufer landete. Denn er wollte zunächst einmal auf dieser Seite des Flusses bei Rehme oder Minden auf die Truppen warten, die aus Aliso heranmarschierten. Tacitus stellte sich vor, das Heer sei an der Ems ausgeschifft worden. Dann allerdings war ein plausibler Grund für die Landung am linken Ufer nicht ersichtlich. Auf diese Verwechslung hat schon 1921 der deutsche Geschichtsforscher Hans Delbrück in seinem grundlegenden Werk »Geschichte der Kriegskunst im Rahmen der politischen Geschichte« hingewiesen. Aber ich will sie nicht länger mit einem Historikerstreit langweilen, sondern sie dahin zurückführen, wo die Sache nun weitergeht, nämlich an das linke Weserufer in der Nähe der heutigen Porta Westfalica. Hier, vermutlich in der Gegend von Rehme, ist das Heer des Germanicus, auf welche Weise auch immer, auf jeden Fall angekommen.

Die Weser ist ein alter, von den Germanen als Gottheit verehrter Strom. Hier an diesem heiligen Fluss trifft Germanicus, so wie er es erhofft und geplant hat, auf die gesamte Streitmacht des Arminius. Beide Heerführer trennt nur der Strom. An beiden Ufern stehen Tausende Krieger voller Erbitterung bereit, sich gegenseitig die Köpfe einzuschlagen.

Aber nun geschieht etwas Seltsames und Einmaliges, jedenfalls wenn wir den Angaben von Tacitus folgen und ihnen Glauben schenken wollen. Arminius tritt in Begleitung einiger anderer germanischer Führer nahe an das Ufer der Weser heran, die hier nicht sehr breit ist, und ruft hinüber, ob denn Germanicus schon da sei. Ja, ruft ein Zenturio über den Fluss zurück, das sei der Fall. Er möge ihn bitten, antwortet Arminius, ihm zu gestatten, seinen Bruder Segister kurz zu sprechen, den die Römer Flavus, »den Blonden«, nennen und der im römischen Heer des Germanicus seinen Dienst tue. Er hat ihn seit ihren gemeinsamen Jahren bei den Römern nicht mehr gesehen. Als nach einer Weile am anderen Ufer tatsächlich Flavus erscheint, erkennt Arminius sofort, dass Flavus ebenfalls den Rang eines Zenturios hat. Arminius begrüßt ihn, entfernt seine Begleitung und verlangt, dass sich die am anderen Ufer aufgestellten Bogenschützen ebenfalls zurückziehen sollen. Auch das geschieht, denn nicht nur bei den Germanen, sondern auch in den Augen der Römer ist Arminius jetzt ein großer Mann. Und Germanicus sieht keinen Grund, ihm dieses Gespräch unter Brüdern nicht zu gestatten.

Flavus nimmt seinen Helm ab, langes, rotblondes Haar tritt darunter hervor. Sein rechtes Auge bedeckt eine schwarze Augenklappe. Wo und wann er denn ein Auge verloren habe, will Arminius wissen. »Unter dem glorreichen Feldherrn Tiberius«, erwidert Flavus und nennt Ort und Zeitpunkt der Schlacht. Arminius hält die Hände an den Mund. »Was hast du dafür bekommen, welchen Lohn? Nennen sie dich jetzt Flavus den Einäugigen?« Flavus merkt den Spott in der Stimme seines Bruders, antwortet aber ruhig: »Nein, du kennst doch den üblichen Lohn bei Verwundungen. Solderhöhung, Halskette, Krone und andere Ehrengeschenke!« »Welch armseliger Lohn für ein Auge!«, ruft Arminius zurück. »Das sieht den Römern ähnlich!« Er solle nicht mehr mit ihm wie mit dem kleinen Bruder von früher sprechen, antwortet Flavus gereizt. »Ich habe es in Rom zu Macht und Ansehen gebracht, du dagegen hast dich nur in den Lagern der Hilfstruppen aufgehalten und hast Rom nie gesehen! Kennst du überhaupt seine Macht und Größe? Und die Gerechtigkeit eines römischen Kaisers, mit der er Besiegte bestraft und milde behandelt, wenn sie sich ergeben und ihre Verblendung einsehen? Die gleiche Gerechtigkeit wird übrigens auch Thusnelda und deinem Sohn zuteil. Sie werden nicht feindselig behandelt!« Das sticht Arminius mitten ins Herz und klingt in seinen Ohren wie schierer Hohn. Was heißt schon »nicht feindselig«? Sein armer Sohn, den er noch nie gesehen hat und dessen Namen er nicht einmal kennt! Und seine geliebte Thusnelda, wo mag sie jetzt sein? Eine Sklavin der Römer? Sein Stolz verbietet es ihm, weitere Fragen zu stellen. Stattdessen ruft er seinem Bruder zornig zu, er werde für die Römer immer ein Fremder sein. »Diese blutsaugenden Wölfe, die die ganze Welt unterdrücken! Denk an die angestammte

Freiheit Germaniens, unsere heimatlichen Götter, denk an unsere Mutter! Flavus, du hast unser Volk verraten!«

Bei diesen Worten greift Flavus zu seinem Schwert und ruft hitzig nach seinem Pferd. »Du hast deine Freunde umgebracht, mit denen du zuvor noch gezecht hast, deinen Gönner Varus, dem du so viel zu verdanken hast und der dir blindlings vertraute! Nur durch eine schmähliche Hinterlist hast du ihn besiegen können. Nein, Arminius, der Verräter bist du!« Auch Arminius macht nun Drohgebärden und kündigt an, die unmittelbar bevorstehende Schlacht werde zeigen, auf welcher Seite die heiligen Götter stünden. Er sei der Anführer aller Germanen, die um ihre Freiheit kämpfen würden! Tacitus (Annalen II,10) schreibt, die beiden Streithähne »hätten sich nicht einmal durch den sie trennenden Strom abhalten lassen, einen Kampf zu beginnen«, wären nicht einige römische Offiziere herbeigeeilt, um Flavus zurückzuhalten.

Die meisten Historiker bezweifeln, dass dieses brüderliche Streitgespräch tatsächlich stattgefunden hat. Insbesondere der schon erwähnte Hans Delbrück hat dargelegt, dass diese Wechselrede eine rein poetische Fiktion des Tacitus sei. Doch nun kommen wir erfreulicherweise wieder an einen Punkt, an dem ich Ihnen versichern kann: Ja, so ist es gewesen! Denn die Römer beginnen damit, das Übersetzen über die Weser planmäßig vorzubereiten. Die Pioniere gehen an die Arbeit, der Brückenschlag beginnt. Auf der anderen Seite des Flusses steht das Germanenheer in voller Schlachtordnung. Oha, werden Sie sagen, das ist neu! Schlachtordnung, Einordnung, Unterordnung, das gab es bisher noch nicht auf germanischer Seite. Das stimmt, Arminius hat seinen Kriegern inzwischen viel beigebracht, und es sieht beinahe so aus, als stünde auf der anderen Seite der Weser ebenfalls ein römisches Heer.

Noch ehe die Brücken fertig sind, greifen römische Hilfstruppen an. An einer Furt geht die Reiterei der Bataver über den Fluss und stürzt sich in mehreren wilden Attacken auf die germanischen Reihen. Sie halten Stand, und der Angriff bricht zusammen, da die römischen Legionäre den Batavern nicht zu Hilfe kommen. Sie werden fast vollständig aufgerieben, und ihr mutiger Anführer Chariovalda findet dabei den Tod. Nun gehen auch alle Legionen über den Fluss und bereiten am Ostufer ein Nachtlager vor. Arminius hält sich noch zurück, da er auf weitere Verstärkung von den verbündeten Stämmen wartet, die die Nacht über eintreffen sollen. Sammelpunkt ist ein nahe gelegener Hain, der dem Gott Donar geweiht ist. Überläufer berichten Germanicus, was Arminius vorhat, wo seine Reserven versteckt sind und wo er die Entscheidungsschlacht anbieten will. Sie soll auf einer Ebene stattfinden, die von den Germanen Idisiaviso genannt wird, die »Wiesen der Elfen«, und sich zwischen der Weser und einer Hügelkette hinzieht.

Welch seltsamer Name für einen Schlachtort, werden Sie sagen, auf dem nun gleich insgesamt etwa 140.000 Mann aufeinander einschlagen werden. Vermutlich hören Sie diesen Namen auch zum ersten Mal. Das wundert mich nicht. Auch ich habe lange Zeit nichts davon gewusst. Im Übrigen ist auch gar nicht sicher, wie der Ort nun wirklich hieß, denn in den Quellen finden sich die Namen Idisiaviso und Idistaviso. Bei Tacitus, in der alten Corveyer Handschrift, und auch in den wohl im 10. Jahrhundert aufgezeichneten Merseburger Zaubersprüchen ist die Rede von Idisiaviso. Und deshalb bleibe ich bei diesem Namen, der wahrscheinlich der wahre und richtige ist. Denn er lässt sich von dem Wort »Idisen« ableiten, das in der deutschen Mythologie allgemein für »göttliche Jungfrauen« steht. Über »Walkürenwiese« oder »Jungfernheide« sind wir heute schließlich bei »Elfenwiesen« gelandet. Also bleiben wir dabei und lassen wir auf ihr nun die Schlacht beginnen.

Ein gewaltiges Aufgebot steht sich gegenüber, besonders deshalb, weil es Arminius gelungen ist, gegenüber den rund 70.000 Römern in entsprechender Zahl und Gliederung aufzumarschieren, so dass der Kampf auf offenem Feld nicht von vornherein aussichtslos für ihn erscheint. Die Schlacht auf den Elfenwiesen ist genau genommen die erste reguläre Feldschlacht, die sich Römer und Germanen mit Aufmarsch und voller Schlachtordnung auf beiden Seiten liefern. Und im Grunde ist sie sogar die wichtigste Schlacht seit 30 Jahren. Hier führt Germanicus »die Schlacht seines Lebens«. Dennoch ist sie – zumindest in unserem germanisch-deutschen Raum – weit weniger bekannt geworden als die Schlacht im Teutoburger Wald 9 n. Chr. Selbst auf die Gefahr hin, dass ich Sie nun neugierig gemacht habe, möchte ich Ihnen die Einzelheiten des sich über mehrere Stunden hinziehenden Blutvergießens ersparen. Tacitus hat es ausführlich beschrieben. Aber weil es in seiner Darstellung verschiedene Ungereimtheiten gibt, auf die ebenfalls Hans Delbrück im Einzelnen hingewiesen hat, halte ich es für besser, ganz auf Details zu verzichten.

Nur so viel möchte ich Ihnen verraten: Die Germanen verlieren, weil sie trotz allen Bemühens letztlich doch nicht in der Lage sind, sich auf offenem Gefechtsfeld taktisch klug und diszipliniert zu verhalten. Wieder einmal preschen die auf den Höhen versammelten Cherusker entgegen der taktischen Order viel zu früh vor. Als sie den Aufmarsch der römischen Legionäre in der Ebene sehen, stürmen sie blindlings los und bringen dadurch die eigene Schlachtordnung durcheinander. Denn nach ihrer Auffassung entscheiden nicht Führung, Klugheit und Disziplin einen Kampf, sondern allein die Götter, deren Wohlwollen man sich durch Heldenmut und Opferbereitschaft erkaufen muss.

Vergeblich versucht Arminius, durch persönliches Eingreifen und lauten Zuruf die Schlacht zu halten und mit der Reiterei bei den römischen Bogenschützen durchzubrechen. Obwohl es der Masse der Germanen gelingt, sich durch Flucht zu retten, feiern die Römer den Ausgang der Schlacht als großen Sieg. Sie errichten auf dem Schlachtfeld einen Hügel aus erbeuteten Waffen und versehen ihn mit den Namen der besiegten Germanenstämme. Eigentlich hätte nun alles aus sein müssen. Aber dem ist nicht so: Die Germanen sind keineswegs vernichtend geschlagen. Und sie sind durch die Errichtung des römischen Siegesdenkmals höchst verärgert. Nur vier Tage später stellen sie sich am Angrivarierwall voller Grimm und Rachegelüste erneut zur Schlacht, eine ganz erstaunliche Leistung. Diesen Damm, der recht hoch gewesen sein muss und auf seinem Rücken wohl mit dicken Baumstämmen bewehrt war, hatten die Angrivarier als Grenzscheide zu den Cheruskern errichtet, vermutlich bei Leese zwischen der Weser und dem Steinhuder Meer. Die enge, feuchte Ebene ist im Westen von der Weser, im Norden vom Angrivarierwall und im Osten von Wäldern begrenzt, hinter denen ein tiefes Moor jedes Passieren verhindert. Wieder haben die Germanen das Schlachtfeld ausgesucht, und wieder ist die Absicht unverkennbar, die römischen Legionen auf engem Raum daran zu hindern, sich voll zu entfalten.

Der von Arminius ausgeklügelte Schlachtplan ist gut. Er postiert seine Fußtruppen direkt hinter dem Wall und versteckt die Reiterei seitlich im Wald. Die römischen Legionen sollen vorbeiziehen und dann von hinten angegriffen werden. Doch dieser Schlachtplan und die gesamte Aufstellung der Germanen wird von Überläufern verraten, so dass Germanicus von Anfang an im Vorteil ist. Er konzentriert seine Legionen in der Flanke vor dem Wald und greift mit dem Rest seiner Streitmacht den Wall frontal an. Die Germanen sind ziemlich überrascht, können den Angriff aber blutig abwehren. Germanicus zieht die Legionen zurück und die Artillerie vor. Pfeilgeschütze und Steinschleudern schießen den Wall sturmreif. Und nun kommt es sowohl auf dem Wall als auch im Wald zum Nahkampf Mann gegen Mann.

»An Mut standen die Germanen den Römern nicht nach«, schreibt Tacitus, »aber die Eigenart des Kampfes und der Waffen ließ sie unterliegen«. Arminius wird leicht verwundet, und auf der anderen Seite hat Germanicus seinen Helm abgesetzt, um leichter erkannt zu werden. Er spricht seinen Truppen Mut zu und feuert sie an. »Gefangene werden nicht gemacht!«, ruft er ihnen zu. »Der Krieg ist nur zu Ende, wenn es keine Germanen mehr gibt, die ihn führen könnten!« Die römische Kavallerie wird angesetzt, um die Entscheidung herbeizuführen. Die Germanen können den Angriff zwar abwehren, aber ihre Verluste sind groß. Und auch die der Römer. Am Ende bleibt Germanicus siegreich. Wieder errichtet er ein Siegesdenkmal, das er Mars und Jupiter und dem Heer des Tiberius weiht, das zwischen Rhein und Elbe alle Germanen niedergekämpft habe. Seinen eigenen Namen erwähnt er nicht, wohl, weil er Tiberius keinen Vorwand liefern will, ihn abzuberufen. Zwar hat er gesiegt, aber mit so hohen Verlusten, dass auch das Volk in Rom seine Abberufung verstanden hätte.

Wir sind mitten im Hochsommer, und es ist noch viel zu früh, die Winterquartiere aufzusuchen. Dennoch tritt Germanicus mit dem, was von seinem Heer noch übrig ist, den Rückzug an. Wieder ist er schwer angeschlagen. Doch es kommt noch schlimmer. Als die Flotte die Truppen auf dem Seeweg von der Emsmündung zum Rhein zurückführt, wird sie auf der Nordsee von einem heftigen Sturm überrascht. Viele Schiffe werden zerstört und gehen mit Mann und Maus unter, andere werden bis nach Britannien verschlagen. Germanicus selbst hat Glück, seine Triere wird ins Gebiet der Chauken getrieben. Sie helfen ihm, so dass er nach Abflauen des Sturmes wieder in See stechen und mit dem Rest seiner Schiffe den schützenden Rhein erreichen kann. Nach dieser Sturmkatastrophe im friesischen Wattenmeer verzichten die Römer endgültig auf weitere Vorstöße nach Norden.

Germanicus allerdings sagt sich »Nun erst recht!« und unternimmt kurz darauf mit dem Rest seiner Truppen einen erneuten Ausfall ins Gebiet der Marser, um es einmal mehr zu plündern und zu verwüsten sowie den zweiten Adler der Varus-Legionen zurückzuholen. Der Marserherzog Mallovendus ist übergelaufen und hat den Römern verraten, wo der zweite Adler in einem heiligen Hain vergraben ist. Germanicus bringt den Adler an sich, Gefechte gibt es nicht. Aber das ist auch alles, was Germanicus im Jahre 16 unter hohen Verlusten erreicht hat. Die Römer sind weit davon entfernt, Germanien bis an die Elbe zu beherrschen.

Tiberius sieht das genauso. Er hat endgültig die Nase voll und schreibt Germanicus einen Brief. Es dauert ziemlich lange, bis er über Stafettenreiter in die Hände des Germanicus gelangt. Tiberius teilt ihm seine Abberufung mit, nicht ohne ihm zu schmeicheln und seine Siege zu rühmen. Aber sie seien zu teuer erkauft, meint er vorsichtig, weil er weiß, dass Germanicus im Volk und vor allem beim Heer noch immer eine starke »Lobby« hat. Er selbst sei von Augustus neunmal nach Germanien geschickt worden und habe dort mehr durch Klugheit als durch Gewalt erreicht. Und dann folgt klar und deutlich, fast drohend, der Satz: »Es ist besser, die Germanen ihrer eigenen Zwietracht zu überlassen.« Im Klartext heißt das: Der Drusus-Traum ist ausgeträumt! Germanicus versucht zu handeln, erbittet wenigstens noch ein Jahr. Doch Tiberius bleibt unnachgiebig, verspricht ihm aber zugleich einen großen Triumphzug, wenn er sofort nach Rom zurückkomme.

Germanicus gibt auf. Ihm bleibt nichts anderes übrig als zu gehorchen. Den pompösen, theatralischen Triumphzug vom 26. Mai des Jahres 17 mit der gefangenen Thusnelda als Prunkstück und ihrem Sohn Thumelicus im Gefolge habe ich Ihnen schon geschildert. Er erinnert ein wenig an unsere heutigen großen Karnevalsumzüge in Köln, Mainz oder Düsseldorf. Die Münze, die im gleichen Jahr geprägt wird, zeigt Germanicus auf dem Triumphwagen und trägt die Inschrift: »Germanicus Caesar. Nach Wiedererlangung der Feldzeichen. Nach völliger Besiegung der Germanen.« Das ist nun wirklich kaum zu glauben! Man macht dem Volk etwas vor. Denn erstens sind nur zwei der drei Varus-Adler wieder in Rom – der dritte ist noch im Gewahrsam der Chatten und bleibt auch bis zum Jahre 41 dort –, und zweitens kann von einem völligen und endgültigen Sieg über die Germanen keine Rede sein. Im Gegenteil, mit der Abberufung des Germanicus tritt eine Wende in der römischen Germanienpolitik ein. Nach achtjährigem Kampf ist der Krieg nun zu Ende, das rechtsrheinische Gebiet ist wieder frei. Arminius ist inzwischen unbestritten der Held des Freiheitskampfes. Er verkündet seinen Truppen und Anhängern: »Wir haben die Römer aus Germanien hinausgeworfen! Wir sind die Sieger!«

Wie Arminius nun weiter vorgeht und welches Ende er nimmt, werden wir im nächsten Kapitel sehen. Zuvor will ich Ihnen noch kurz erzählen, wie die Karriere des Germanicus nun endgültig zu Ende geht. Die Mittel, mit denen das geschieht, waren damals nicht anders als heute: Man schickt den Mann in die Wüste! Tiberius taktiert sehr geschickt und bewegt den Senat dazu, Germanicus »die Provinzen jenseits des Meeres« zu übertragen. Er wird Statthalter von Syrien, weitab vom Schuss. Und um ganz sicherzugehen, dass Germanicus nicht etwa auch dort irgendwelche Erfolge erringen kann, setzt ihm Tiberius in der Person des stellvertretenden Statthalters Calpurnius Piso einen V-Mann ins Nest, der ein Vertrauter des Kaisers ist und ihn nicht nur über alle Handlungen des Germanicus umgehend informiert, sondern auch dafür sorgt, dass sie weitgehend zu Fehlschlägen werden.

Die Feindschaft zwischen Germanicus und Piso wird bald jedem offenbar, und als Germanicus nach der Rückkehr von einer Dienstreise nach Ägypten schwer erkrankt und am 10. Oktober 19 in Epidaphne unweit der Stadt Antiocha stirbt, erhärtet sich sofort der Verdacht, Piso habe ihm während eines Gastmahles, bei dem er an seiner Seite saß, unbemerkt Gift in die Speisen getan. Der Tote hat Schaum vor dem Mund, und die Leiche weist blaue und schwarze Flecken auf, was tatsächlich auf eine Vergiftung hindeutet. Auf dem Sterbebett, um das er noch einmal seine Frau Agrippina, seine Kinder und all seine Freunde versammelt, beklagt Germanicus sein Schicksal und spricht selbst offen aus, dass er nicht auf natürliche Weise sterbe. Er sei stets kerngesund gewesen, sagt er mit kaum noch vernehmbarer Stimme, und nun müsse er, nachdem er so viele Feldzüge glücklich überstanden habe, durch den Frevel Pisos und die Tücke Plancinas, der Gemahlin Pisos, elend zugrunde gehen.

Im Jahre 20 kehrt Agrippina mit ihren beiden Kindern Gaius (Caligula) und dem Baby Julia Livilla sowie der Asche ihres Ehemanns nach Rom zurück. Die Urne wird unter großen Ehrenbezeugungen im Mausoleum des Augustus beigesetzt. Tacitus (Annalen III,4) berichtet, die Straßen Roms seien voll gewesen, und das Marsfeld habe im Schein der vielen Fackeln geglänzt. Im Volk sind Stimmen zu hören, die sagen, nun sei der Staat dahingesunken und es gebe keine Hoffnung mehr. Und es gibt auch nicht wenige Frauen und Männer in den Gassen, die Germanicus mit Alexander vergleichen, der im gleichen Alter starb. Als Piso sieht, dass der gegen ihn angestrengte Prozess schlecht für ihn ausgehen wird, entzieht er sich der Verantwortung und der Sühne durch Selbstmord. Tief in der Nacht, als seine ebenfalls angeklagte Frau Plancina das gemeinsame Schlafgemach für kurze Zeit verlässt, verschließt er die Türen und stößt sich ein Schwert durch die Kehle.

15
Das Ende des Arminius

Einige Fragen gehen mir durch den Kopf, die ich Ihnen nicht vorenthalten möchte. Vielleicht finden Sie eine Antwort darauf. Wer ist uns nun eigentlich sympathischer, wen schätzen und lieben wir mehr, Arminius oder Germanicus, die Germanen oder die Römer? Waren die einzelnen rechtsrheinischen Germanenstämme, vor allem die Cherusker, wirklich von der Idee der Freiheit erfasst? War es ihr gemeinsames Ziel, die römische Fremdherrschaft für immer abzuschütteln, um an ihre Stelle ein eigenes – sagen wir – Königtum zu setzen? Oder stand nur der persönliche Ehrgeiz des Arminius gegen den des Germanicus?

Während der Stern des einen nach der Abberufung aus Germanien schon in jungen Jahren schnell erloschen ist, leuchten Ansehen und Kraft des anderen umso mehr in vollem Glanz. Was hindert Arminius nach dem endgültigen Rückzug der Römer hinter den Rhein daran, sich zum König der Germanen zu machen? Der Grund ist: Es gibt schon einen! Sein Name ist Marbod, König der Markomannen. Von diesem ehemals westgermanischen Stamm im Maingebiet, der sich um etwa 9 v. Chr. zur Zeit der Drususkriege unter Marbods Führung nach Böhmen zurückzog und von dem unsere Bayern abstammen, habe ich Ihnen schon erzählt. Erinnern Sie sich an ihn? Nach der Schlacht im Teutoburger Wald 9 n. Chr. hatte ihm Arminius den Kopf des Varus geschickt, was Marbod aber nicht beeindruckte. Er schloss sich Arminius nicht an, und auch den Römern kam er mit seiner starken Streitmacht nicht zu Hilfe, als diese darum baten. Arminius weiß, so lange dieser Mann noch da ist, kann er niemals König aller Germanen werden. Deshalb rasselt er nun mächtig mit dem Säbel und rüstet zum Krieg gegen ihn. Tacitus meint, »die Kraft beider Völker, die Tüchtigkeit ihrer Führer« seien ebenbürtig gewesen. Der Hass von Marbods Landsleuten gegen ihn sei wegen seines Königstitels allerdings mehr und mehr gestiegen, während Arminius als Vorkämpfer für die Freiheit in deren Gunst gestanden habe. Für die bevorstehende kriegerische Auseinandersetzung stehen die Chancen des Arminius gut. Denn die Semnonen am rechten Elbufer, denen Marbod ebenfalls nicht geholfen hat, als die Römer an der Elbe standen, lösen sich mit Beginn des Jahres 17 von ihm und treten dem Bund des Arminius bei. Auch die Langobarden tun das. Da Marbod nun weitgehend eingekreist ist, richtet er ein dringendes Hilfegesuch an Tiberius. Aber der winkt ab; die Markomannen sind ihm völlig egal. Er verweist kühl auf sein eigenes Hilfegesuch aus früheren Jahren, das die Markomannen auch nicht erhört hätten. Außerdem ist es ja seine neue Strategie, die Germanen ihrer eigenen Zwietracht zu überlassen.

Auf die Idee, sich mit Arminius zu arrangieren, kommt Marbod nicht, dafür neidet er Arminius seinen Ruhm viel zu sehr. Ohne jeden Bundesgenossen steht er nun ganz alleine da. Doch er bekommt plötzlich Hilfe von einer Seite, von der er es am allerwenigsten erwartet hätte. Der Cheruskerfürst Inguiomar, der Onkel des Arminius, bietet Marbod an, mit seinen erfahrenen Kriegern auf seiner Seite zu kämpfen. Der Grund für diesen Verrat ist schlichtweg der, dass er es bei seinem Alter und Ansehen für unter seiner Würde hält, sich Arminius unterzuordnen. Und der Neid auf dessen Erfolge spielt auch eine Rolle. Das Gleichgewicht der Kräfte wird auf diese Weise in etwa wiederhergestellt. Nach dem Motto »Angriff ist die beste Verteidigung« schlägt Marbod als Erster los. Er marschiert mit seinem Heer auf Arminius zu, der sich mit seinem Heer zur Verteidigung aufgestellt hat – wie Marbod ebenfalls nach römischem Vorbild und Muster. Man könnte meinen, zwei römische Heere stünden sich gegenüber. Es kommt zur Schlacht.

Oh nein, werden Sie nun vielleicht laut rufen, nicht schon wieder! Ich kann verstehen, dass Sie langsam genug haben von den vielen Schlachten. Aber es ist eben eine kriegerische Zeit, von der ich Ihnen berichte. Und wenn wir uns historisch exakt mit ihr auseinandersetzen und wissen wollen, wie es wirklich war, so können wir keine friedvolle Reise durch Zeit und Örtlichkeiten daraus machen, sozusagen keinen braven »Baedecker«. Um die vielen kriegerischen Auseinandersetzungen kommen wir nicht herum. Außerdem kann ich Ihnen versichern: Es ist die letzte Schlacht, von der in diesem Buch die Rede ist. Und ich kann es auch recht kurz machen, denn wir wissen nicht einmal, wo und wann genau sie im Jahre 17 stattgefunden hat. Das ist schon etwas merkwürdig, da es sich um eine große Entscheidungsschlacht gehandelt hat, von der Tacitus (Annalen II,46) – sicherlich übertrieben – berichtet, niemals sei man mit größeren Heeresmassen in den Kampf gezogen. Auf beiden Seiten sei jeweils der rechte Flügel geschlagen worden, und deshalb könne man wohl sagen, die Schlacht sei unentschieden ausgegangen. Da Marbod sich aber mit seinem Lager auf die Höhen zurückzog, sei dies als Zeichen seiner Niederlage gedeutet worden. Als immer mehr Deserteure seine Reihen verließen, sei Marbod schließlich »zu den Markomannen entwichen«. Das ist aber auch schon alles, was über die Schlacht bekannt wurde. Möglicherweise wusste Tacitus selbst nicht mehr darüber. Oder aber seine Aufmerksamkeit wurde mehr von der entsetzlichen Erdbebenkatastrophe des Jahres 17 in Anspruch genommen, von der er gleich im Anschluss berichtet und bei der in einer Nacht in der römischen Provinz Asia »zwölf volkreiche Städte« im auseinanderklaffenden Erdreich versanken. Tiberius habe sofort mit Millionen Sesterzen geholfen, schreibt Tacitus, und die wenigen überlebenden römischen Bürger von ihrer Steuerpflicht befreit.

Marbod ist erledigt. Er wird von seinen eigenen Leuten gezwungen, sein Land zu verlassen. Er flieht über die Donau nach Rom und bittet Tiberius um Asyl, das ihm der Kaiser auch gewährt. Ohne jedes Gefolge muss der 43-jährige Marbod in Ravenna bleiben, wo er bis zum Jahr 37 noch 18 Jahre lebt. Ob er in Ravenna mit Arminius' Sohn Thumelicus zusammengetroffen ist oder gar mit Thusnelda, wofür manches spricht, bleibt im Dunkel der Geschichte verborgen.

Arminius ist nun Mitte 30 und auf dem Höhepunkt seiner Macht. Er strebt in immer stärkerem Maße nach der Königswürde, und das wird ihm zum Verhängnis. Die germanischen Stämme beziehen Stellung gegen ihn. Es kommt zu heftigen, tief greifenden Auseinandersetzungen, und man sucht nach Möglichkeiten, wie man sich seiner am besten und schnellsten entledigen kann. Der Aufmerksamkeit des Tacitus haben wir es zu verdanken, dass wir etwas mehr darüber wissen. Während seiner Arbeiten an den »Annalen« durchforscht Tacitus – etwa ein Dreivierteljahrhundert später – das römische Staatsarchiv. Dabei blättert er auch in den Ablagen der einzelnen Jahre und stößt in der Ablage des Jahres 19 auf einen Brief, den der Chattenfürst Adganester an den römischen Kaiser Tiberius geschrieben hat. Darin bietet er an, Arminius zu ermorden, wenn ihm Tiberius das nötige Gift dafür schicke. Auch die Antwort des Kaisers stöbert Tacitus auf. Tiberius lehnt entrüstet ab. Rom pflege nicht durch Trug und List, sondern offen und mit dem Schwert an seinen Feinden Rache zu nehmen. Wer die römische Geschichte etwas näher kennt, weiß, dass dies keineswegs immer der Fall war. In ihr wimmelt es nur so von Skrupellosigkeiten, vor denen bekanntlich gerade auch Tiberius nicht zurückschreckte. Deshalb erscheint seine Entrüstung eher gespielt.

Dieser Brief des Jahres 19 zeigt schon, welche Richtung das weitere Schicksal des Arminius nehmen wird. Er ist von Verrat umgeben und schwebt in ständiger Lebensgefahr. Zwei Jahre später ist es dann so weit. Im Jahre 21, als Arminius 37 Jahre alt ist, ermorden ihn seine eigenen Verwandten, allerdings wohl nicht seine eigene Familie. Wir werden die Mörder am ehesten unter den Angehörigen seines Schwiegervaters und Erzfeindes Segestes zu suchen haben, möglicherweise war aber auch Arminius' Onkel Inguiomar der Täter. Wer den heimtückischen Mord verübte, wann genau, wo und wie das geschah, wissen wir nicht. Wahrscheinlich ist Arminius ebenso wie Germanicus vergiftet worden, vielleicht führte aber auch ein Dolchstoß sein schnelles Ende herbei. Wir können darüber nur spekulieren. Der Ort der Tat lässt sich vielleicht etwas eingrenzen. Das Siedlungsgebiet der Cherusker erstreckte sich ja vom östlichen Westfalen bis an den Harz und vermutlich sogar über die Oker hinaus. Daher kann der Tatort durchaus die alte Questenburg am Südrand des Harzes, nicht weit von Nordhausen entfernt, gewesen sein, wo Arminius sehr wahrscheinlich lebte. Der Ortssage nach ist Arminius auf dieser Burg das Opfer seiner Mörder geworden.

Tacitus weiß darüber, wie gesagt, nichts zu berichten. In seinen »Annalen« (II,88) setzt er Arminius ein Denkmal. Er stellt fest, noch während er sie schreibe, also etwa ein Dreivierteljahrhundert später, werde der Name des Arminius »bei den barbarischen Stämmen besungen«. Und dann folgt ein sehr bedeutungsvoller Satz: »Er war unstreitig Germaniens Befreier, und ein Mann, der nicht wie andere Könige und Heerführer die erst beginnende Macht der Römer, sondern deren Herrschaft in der Blüte anzugreifen wagte, in Schlachten nicht immer glücklich, im Kriege unbesiegt.«

Hui, hui, ich höre förmlich, wie sie angesichts dieses Satzes durch die Zähne pfeifen. Das kann ich Ihnen keineswegs verübeln. Dieser Satz ist später tatsächlich zum Trauma der Deutschen geworden. Warum er das wurde, wie es dazu kommen konnte und welcher Nachruhm und Mythos sich mit der Gestalt des Arminius über Jahrhunderte verband und zum Teil noch heute verbindet, werde ich Ihnen im Schlusskapitel näherbringen.

16
Nachruhm und Mythos

Gehören Sie auch zu den Menschen unserer Zeit, die abwehrend beide Hände heben und sich peinlich berührt, ja entrüstet abwenden, wenn Sie den Satz lesen, spätere germanische Generationen hätten aus der Tacitus-Formulierung vom »Befreier Germaniens« einen teutonischen Mythos gemacht? Ich kann schon verstehen, wenn Sie diese Tatsache nicht begeistert und sogar ungute Gefühle und Erinnerungen weckt. Da sind Sie keineswegs allein. Große Teile unserer heutigen Generation sehen in Arminius weniger einen Helden als vielmehr einen ganz und gar nicht tugendhaften Mann, der durch Hinterlist, Untreue und Verrat an seinen römischen Freunden und Kameraden ins Blickfeld der Geschichte geraten ist. Die Nachfahren der Römer haben in Arminius schon immer einen recht zwielichtigen Vertreter deutschen Heldentums gesehen, während wir Deutschen in der Vergangenheit zumeist die stereotype Antwort parat hatten, der Zweck heilige eben die Mittel. Erst in unseren Tagen macht sich bei einigen die Erkenntnis breit, Arminius sei ein »politischer Verbrecher großen Stils« gewesen, wie es der deutsche Historiker Dieter Timpe in seinen 1970 publizierten »Arminius-Studien« formuliert hat. Woran lag es, dass Arminius mit seinem Sieg im Teutoburger Wald 9 n. Chr. über die Legionen des Varus zumindest für einige Jahrhunderte zum »Übervater« der deutschen Geschichte geworden ist? Die durchaus erstaunliche Tatsache, dass hier eine technisch unterlegene Kultur gegen eine hoch organisierte Berufsarmee gewann, David quasi den Goliath besiegte, kann nicht allein der Grund dafür gewesen sein.

Vielleicht wurde Arminius auch zur Symbolfigur vaterländischer Tugenden und altdeutscher Heldengesinnung, weil ein schmählicher Meuchelmord verhinderte, dass er König aller Germanen wurde. Der Name wird zum Mythos. Denn ist in der altgermanischen Mythologie nicht auch Baldur (Baldr), der kühne und schöne Frühlings- und Lichtgott, der Sohn Odins und der Frija, durch Heimtücke ums Leben gekommen? Von Baldur hängt das Schicksal der Götter ab. Deshalb nimmt Frija allen Wesen und Dingen den Eid ab, ihn nicht zu verletzen, nur die Mistel vergisst sie. Loki, der böse Gott des Feuers, entlockt Frija das Geheimnis von Baldurs Unverwundbarkeit und schnitzt aus dem Mistelzweig einen Pfeil. Er gibt ihn dem blinden, ahnungslosen Hödur (Hödr) und fordert ihn auf, ihn abzuschießen. Loki lenkt den Pfeil, und Baldur sinkt sterbend zu Boden. Sein Tod leitet den Untergang der Götter ein.

Dieser Meuchelmord wiederholt sich dann in der Siegfried-Sage. Beide Gestalten, Baldur und Siegfried, verkörpern alle Sehnsüchte von strahlender, unbekümmerter Jugend und unüberwindlicher Stärke. Und von Siegfried zu Arminius ist es nur ein kleiner Schritt. Der Student Karl Ludwig Sand, der Mörder des Dichters Kotzebue (1761–1819), verkündet 1820 erstmals, Siegfried sei »kein anderer als unser Hermann«. Von wem Arminius diesen Namen erhalten hat, werden wir noch sehen. Der Germanist Adolf Giesebrecht versucht 1837 zu beweisen, dass das »Nibelungenlied« seinen historischen Ursprung in der Arminiusgeschichte hat und dass Siegried mit Arminius identisch ist. Auch heute noch behaupten das einige Historiker, unter anderem Dieter Timpe und Otto Höfler. Sie meinen, Arminius sei der erstgeborene Sohn des Sigimer (Siegmar) gewesen und der Wortstamm der Sippe »sieg« deute darauf hin, dass Arminius wohl Siegfried geheißen habe. In der Tat gibt es zwischen Arminius und Siegfried eine auffällige Gemeinsamkeit: Beide wurden heimtückisch ermordet, und bei beiden sind die Mörder die Verwandten. Und der Drachenkampf Siegfrieds kann als Symbol für den Kampf gegen die Römer gedeutet werden. Doch die gesamte These wird sich wohl nie zweifelsfrei beweisen lassen.

Die Ersten, die sich auf den Triumph des Arminius berufen, sind die im 3. und 4. Jahrhundert nach Süden drängenden »Barbaren«. Im Kampf gegen das dekadente Rom, das sie schließlich bezwingen, nehmen sie sich den Heldenmut des Cheruskerfürsten zum Vorbild. Im 8. Jahrhundert wird seine Heldentat mit dem Ruhm Karls des Großen verglichen. Doch das Hochmittelalter vergisst Arminius dann völlig. Christentum und alleiniger Herrschaftsanspruch der Kirche sorgen dafür, dass die Erinnerung an alles, was aus heidnischer Zeit stammt, ausgelöscht wird. Erst die Wiederentdeckung der »Germania« des Tacitus im Jahre 1455 im Kloster Hersfeld und der »Annalen« im Jahre 1507 im Kloster Corvey sorgen für eine Wiederbelebung und bilden im Zeitalter des Humanismus eine der wichtigsten Grundlagen für das um die Person des Arminius entstehende deutsche Nationalbewusstsein.

Der hochgebildete Dichter und Humanist Ulrich von Hutten (1488–1523) rühmt in seinem 1529 posthum erschienenen »Arminius-Dialog« den Cheruskerfürsten als »ersten Vaterlandsverteidiger« und versucht, den Deutschen seiner Zeit außer einer gemeinsamen kulturellen Identität auch eine militärische und moralische Überlegenheit nahezubringen. In diesem Dialog wird Arminius neben die größten Feldherren der Antike gestellt, wie Alexander den Großen, Hannibal sowie Scipio, und erscheint am Ende als würdig, »König der Deutschen« zu werden. Der Dialog, in dem neben Tacitus auch Merkur und König Minos auftreten, enthält bereits alles, was in den folgenden Jahrhunderten zur Verehrung und Verklärung des Arminius angeführt wird. Mit ihm hat Ulrich von Hutten einen nationalen Mythos begründet. Obwohl Deutschland zu dieser Zeit wie das alte Germanien aus einer Vielzahl von Stämmen und Landschaften besteht, werden sich deutsche Humanisten wie Philipp Melanchthon (1497–1560), Johannes Reuchlin (1455–1522) und Jacob Wimpheling (1450–1528) auf dem Wege nationaler Selbstfindung zunehmend bewusst, dass die Deutschen anders sind als andere Völker. Man stellt germanische Einfachheit und Anständigkeit gegen Luxus und Laster der Römer, deutsche Treue gegen welsche Verlogenheit sowie deutsche Freiheit und Tapferkeit gegen italienische Kriecherei und Unterwürfigkeit.

Es entsteht eine enge Verbindung der Humanisten zu den Reformatoren um Martin Luther (1483–1546). Sie lesen die antiken Berichte über die alten Germanen mit Begeisterung und sind stolz auf den Vaterlandsbefreier Arminius. Wenn er Poet wäre, vertraut Luther seinen Tischgenossen an, dann würde er »den Arminius zelebrieren«. Er habe diesen Mann, der »Herzog Hermann« geheißen, »von Herzen lieb«. Der Name »Hermann der Cherusker« taucht zum ersten Mal bei Martin Luther auf, so dass er zu Recht als Begründer dieser volkstümlichen Namensgebung gilt, die sich bis heute erhalten hat.

Während des 17. und 18. Jahrhunderts, der Epoche des Barock und des Rokoko, entspricht es dem Zeitgeist, in den Mittelpunkt von Dramen, Romanen und Opern stets einen strahlenden Helden zu stellen, dessen Liebe zu seiner Angebeteten alle Krisen überdauert. Kein Wunder also, dass neben Odysseus, Orpheus, Xerxes, Alexander und Caesar auch Arminius auf der Bühne präsentiert wird, und zwar zum ersten Mal

1684 in Frankreich. Die tragische Liebesgeschichte zwischen Arminius und Thusnelda bietet einen derart hervorragenden Stoff, dass über sie im 17. und 18. Jahrhundert allein 55 Arminius-Opern komponiert werden. Außerordentlicher zeitgenössischer Beliebtheit erfreut sich insbesondere die 1745 vom deutschen Komponisten Johann Adolf Hasse (1699–1783) geschaffene Oper »Arminius«, die zahlreiche Aufführungen in vielen europäischen Städten erlebt und während des Zweiten Schlesischen Krieges sogar für einen politischen Eklat sorgt. Als sie am 18. Dezember 1745 in Dresden kurz vor dem Einmarsch der Preußen aufgeführt wird, versteht man das als antipreußische Demonstration. Doch Friedrich der Große sieht sich eher als Nachfolger des Arminius und lässt die Oper daher einen Tag nach der Besetzung Dresdens zur Verherrlichung seiner Person demonstrativ wiederholen.

Die erste bedeutsame historische Interpretation des Arminiusstoffes in einem Roman findet sich in dem 1689 posthum erschienenen Buch »Großmütiger Feldherr Arminius« von Daniel Caspar von Lohenstein (1635–1683). Die beschriebenen Kämpfe zwischen Germanen und Römern sind als Parallele zu dem gerade überstandenen Dreißigjährigen Krieg gedacht. Lohenstein schildert die Gegenwart im Gewand der alten Geschichte und sieht in Arminius das Vorbild für die Einigung der Reichsstände und Fürstentümer unter dem Habsburger Kaiser Leopold I. gegen alle äußeren Feinde, speziell die Türken und Franzosen.

Zur eindeutigen Symbolfigur altdeutscher Heldengesinnung und eigenständiger Nationalkultur wird Arminius dann vor allem von Friedrich Gottlieb Klopstock (1724–1803) gemacht. In seinen Oden und den ab 1767 herausgegebenen drei »Barditen«, religiös-patriotischen Weihegesängen, erscheint »Hermann« als Vorbild wahrer Vaterlandsliebe und steigt endgültig zum idealen deutschen Nationalhelden empor. Für Klopstock ist er die Verkörperung des Willens zur Freiheit und zur staatlichen Einheit Deutschlands. Um seinen Zeitgenossen den Nationalhelden möglichst nahezubringen, schildert er ihn nicht nur als charismatischen Führer und furchtlosen Krieger, sondern vor allem als Menschen mit empfindsamer Seele. Bei ihm dürfen Helden auch weinen.

In den Befreiungskriegen 1813 bis 1815 wird Arminius als »Hermann der Cherusker« zum Vorbild des Befreiungskampfes gegen Napoleon. Deutschnationale Chauvinisten interpretieren die Varuskatastrophe als »Hermannsschlacht« und machen sie zum Symbol der Selbstbehauptung und der Befreiung von den Franzosen. Heinrich von Kleist (1777–

1811) schreibt 1808 sein Drama »Hermannsschlacht« und macht aus den Römern Franzosen und aus den Cheruskern Preußen. Seine Botschaft ist ein indirekter Aufruf zum Befreiungskampf: Wenn wir Deutschen uns einig sind und unsere Kräfte bündeln, können wir auch einen so schrecklichen Feind wie Napoleon besiegen! Als das Stück zu Beginn des Ersten Weltkriegs im Berliner Schillertheater gespielt wird, verkünden zwischen den Akten auf die Bühne eilende Boten Siegesmeldungen von der französischen Front. In der NS-Zeit erlebt Kleists »Hermannsschlacht« eine Renaissance und muss als Muster erbarmungsloser Kriegsführung herhalten.

Während der Befreiungskriege ist es vor allem Ernst Moritz Arndt (1769–1860), der Arminius als leuchtendes Vorbild preist und seinen Landsleuten Mut macht. »Deutsche, vergesset Hermann nicht!«, ruft er ihnen zu. »Flehet die Vorsehung an um einen solchen Mann und Befreier!« Arminius/Hermann ist die Galionsfigur des schließlich siegreich beendeten Befreiungskampfes, er ist das Symbol für Freiheit und Einheit. Und er wird zur Zuflucht für alle Enttäuschten und Unterdrückten und zum Schwarm der deutschen Romantik. Auch Heinrich Heine (1797–1856) steht der Person des Arminius und seiner Lebensleistung durchaus positiv gegenüber. Doch die maßlose Übertreibung, mit der Arminius in einer Flut von Hermannsgedichten, Hermannsliedern, Hermannsdramen und Hermannsromanen für ein dümmliches Nationalbewusstsein instrumentalisiert wird, das geradewegs so tut, als hätten die Deutschen des 19. Jahrhunderts persönlich Varus und seine Legionen besiegt, ist ihm zutiefst zuwider. Heine antwortet auf den nationalen Rummel um Arminius mit beißendem Spott und verfasst 1844 sein Versepos »Deutschland. Ein Wintermärchen«, aus dem ich Ihnen am Schluss des Buches ein paar Verse nicht vorenthalten möchte.

Die Arminiusbegeisterung findet ihren Höhepunkt schließlich in dem 1838 begonnenen Bau eines monumentalen Hermannsdenkmals im Teutoburger Wald. Der Bau kommt jedoch während der Revolution von 1848/49 zum Stillstand. Erst nach dem Deutsch-Französischen Krieg von 1871 führt das durch die Gründung des Deutschen Reiches wieder auflebende Nationalgefühl dazu, dass der Bau mittels großer Spenden seitens des Kaisers Wilhelm I. und des neuen deutschen Reichstags fortgeführt werden kann. Im Jahr 1875 erfolgt schließlich auf der Grotenburg bei Detmold die feierliche Einweihung des monumentalen Denkmals, das der Bildhauer Ernst von Bandel erschaffen hat. Auf der

Kuppel des Bauwerks steht der in Bronze gegossene Hermann der Cherusker, bewehrt mit Helm und Schild, und auf dem sieben Meter langen Schwert, das er in einer Drohgebärde mit der rechten Hand in die Höhe streckt, ist die Inschrift eingraviert: »Deutsche Einigkeit meine Stärke – meine Stärke Deutschlands Macht«. Allerdings trugen die Cherusker keine Helme und keine großen Metallschilde, und sie benutzten auch keine Langschwerter. Aber auf historische Genauigkeit kommt es den Erbauern nicht an. Sie sind vielmehr darauf bedacht, einen nationalen Überlegenheitsanspruch gegenüber anderen Nationen, vor allem Frankreich, zum Ausdruck zu bringen. Hermann wird zum Symbol des »Deutschen« schlechthin. Felix Dahn schreibt 1872 nieder, was rund 60 Jahre später das sogenannte Tausendjährige Reich eines unheilvollen Diktators zu verwirklichen versucht: »Heil dem Helden Armin! Auf den Schild hebet ihn. Zeigt ihn den unsterblichen Ahnen: Solche Führer wie den gib uns, Wodan, mehr – und die Welt, sie gehört den Germanen!« Und auch der Historiker Leopold von Ranke (1795–1886) sieht in der Tapferkeit Hermanns einen frühen Beweis für die Überlegenheit der arischen Rasse – kräftig gebauten Menschen mit blauen Augen und blonden Haaren.

Nach so viel nationalem Pathos und deutschem »Rassenwahn« wollen wir erst einmal etwas Luft holen. Falls Sie in Erregung geraten sind, kann ich Sie vielleicht ein wenig beruhigen, indem ich Ihnen verrate, dass es sogar im viktorianischen England Menschen gegeben hat, die die bahnbrechenden wissenschaftlichen Erkenntnisse von Isaac Newton auf die Freiheiten zurückführten, die zur Zeit des Arminius in den germanischen Wäldern herrschten. Sir Edward Creasy (1812–1878), damals ein bekannter Historiker, machte tatsächlich den Vorschlag, mitten auf dem Trafalgar Square eine riesige Arminius-Statue zu errichten. »Wenn Arminius untätig oder erfolglos geblieben wäre«, versuchte er den Briten in seinem 1851 erschienenen Buch »Fünfzehn weltgeschichtliche Entscheidungsschlachten« klarzumachen, »hätte diese Insel niemals den Namen England getragen.« Na bitte. Diese Erkenntnis kommt uns gerade recht. Denn nun steht uns ja eine Zeit bevor, in der in Deutschland alles Germanische offiziell verherrlicht und der nordische Herrenmensch und todesmutige Held gepriesen wird. Also, werden Sie schlussfolgern, wird nun wohl auch der Arminiuskult einen neuen Höhepunkt erreichen.

Ihre Befürchtungen sind jedoch unbegründet. Ich verstehe, wenn Sie nun erstaunt sein sollten und ungläubig den Kopf schütteln. Aber es

Das im 19. Jahrhundert erbaute Hermannsdenkmal
bei Detmold im Teutoburger Wald.

stimmt tatsächlich: Die nationalsozialistische Ideologie zeigt kaum Interesse am Freiheitshelden Arminius. Ihr Verhältnis zu ihm ist sogar ausgesprochen distanziert. Als der Detmolder Bürgermeister 1933 die Reichsregierung bittet, das Hermannsdenkmal zur »nationalen Wallfahrtsstätte« zu machen, lehnt Goebbels nach Rücksprache mit Hitler ab. 1936 kommt Benito Mussolini zu einem Staatsbesuch nach Deutschland. Zunächst ist auch eine Besichtigung des Hermannsdenkmals vorgesehen. Aber Hitler verfügt, dass sie aus dem Protokoll gestrichen wird, weil er befürchtet, der Duce, der sich ja als Nachfolger der römischen Caesaren sieht, könnte dadurch brüskiert und in seinen Gefühlen verletzt werden. Im »Dritten Reich« gibt es jede Menge spektakulärer Großveranstaltungen, aber sie finden niemals am Hermannsdenkmal statt. Und keine einzige Wehrmachts- oder SS-Einheit, kein Kriegsschiff, kein Angriffsunternehmen oder Feldzugsplan trägt den Namen Arminius, während hierfür sonst viele andere große Gestalten der germanischen und deutschen Geschichte bemüht wurden. Arminius ist quasi tabu.

Dafür gibt es einen einzigen Grund: Adolf Hitler persönlich. Er selbst ist der Führer, die Leitfigur der Bewegung. Einen Arminius kann er gar nicht gebrauchen. Seine Legitimation führt Hitler nicht auf ihn zurück, sondern nur auf sein eigenes Wollen. Außerdem sind ihm alle Freiheitskämpfer höchst suspekt. In seinen Tischgesprächen, die zunächst Ministerialrat Heinrich Heim und dann ab 1942 Dr. Henry Picker mitgeschrieben haben, bezeichnet er zum Beispiel den Schweizer Freiheitshelden Wilhelm Tell verächtlich als »Heckenschützen«. Und auch Arminius ist ganz und gar nicht sein Idol. Hitler bewundert Karl den Großen und die mittelalterlichen deutschen Könige und Kaiser. Seine Sympathie gilt den reinen Machtmenschen, die unerbittlich und rücksichtslos ihr Reich zusammengehalten haben. Sein Wissen über Arminius ist lückenhaft und verschwommen. So sagt er von Arminius zum Beispiel am 16. Mai 1942 beim Abendessen in der »Wolfsschanze«, seinem ostpreußischen Hauptquartier, Arminius sei Kommandeur der 3. Römischen Legion gewesen. Das ist ebenso falsch wie Hitlers Bemerkung, die Germanen wären nie in der Lage gewesen, die Römer zu schlagen, wenn sie sie nicht in ihr Heer geholt hätten. Vielleicht hat er nicht gewusst, dass schon 120 Jahre vorher germanische Kimbern und Teutonen das römische Heer vernichteten, ohne je in römischen Diensten gestanden zu haben. Mit seinem typischen Halbwissen – oder dilettantischem Besserwissen – hat Hitler auch von der Schlacht im Teutoburger Wald seine eigene Meinung. Wir würden uns davon völlig falsche Vorstellungen machen, belehrt er in der Nacht vom 8. auf den 9. September 1941 seine Tischgenossen. Schuld daran sei »die Romantik unserer Geschichtsprofessoren. Im Wald konnte man damals so wenig Kämpfe führen wie heute.«

Anfang April 1945, als der Zweite Weltkrieg für Deutschland längst verloren ist und Hitler in seinem Bunker in Berlin das Ende erwartet, ist »Hermann der Cherusker« für ein Häuflein fanatischer SS-Männer und Hitlerjungen noch einmal das Fanal für einen Kampf »bis zum letzten Blutstropfen« gegen die feindlichen Eroberer. Die 9. US-Armee, die am 3. und 4. April 1945 beiderseits der Autobahn Richtung Bielefeld vorgeht, um über die Höhen des Teutoburger Waldes die Weser zu erreichen, stößt mit ihrem 19. Korps südlich von Detmold auf unerwartet heftigen Widerstand. Junge fanatische SS-Männer und kaum ausgebildete Wehrmachtsrekruten haben am Hermannsdenkmal Stellung bezogen. Schwere Waffen haben sie nicht, aber von der beherrschenden Anhöhe aus verteidigen sie jeden Zentimeter Boden mit äußerster Entschlossenheit. Sie eifern der Großtat ihres »Vorfahren« Arminius nach, lassen die amerikanischen Panzer der 5. Division durch, brechen dann plötzlich aus den Wäldern hervor und stürzen sich auf die langsam nachrückende Infanterie. Nachdem sie einige Amerikaner getötet haben, ziehen sie sich blitzschnell wieder in ihre Stellungen am Denkmal zurück. Das wiederholt sich einige Male, bis sie von herangezogener amerikanischer Artillerie und zurückgekehrten Panzern zusammengeschossen werden. Kein einziger deutscher Soldat überlebt dieses Gemetzel, dem der bronzene Arminius von seiner Kuppel aus taten- und bewegungslos, aber von über 300 Einschüssen durchsiebt, zusehen muss. Nicht einmal sein Antlitz kann er voll Gram verhüllen.

Was konnte Arminius uns Deutschen nach der »Stunde Null« noch bedeuten? Wie sollten wir ihm nach all der nationalen Hybris und den entsetzlichen Verbrechen der Nazis nun gegenübertreten? Man versuchte es zunächst auf einer rein wissenschaftlichen Basis. Aber dann macht die zum Extrem neigende Spiel- und Spaßgesellschaft unserer Tage auch vor Arminius nicht Halt. Der Held von einst wird arg verspottet und zersaust. Aus Anlass des 125-jährigen Jubiläums des Hermannsdenkmals wird am 15. August 2000 in der Sendung des WDR »Mensch, Hermann, ... sag mir, wo die Helden sind« ein 45-minütiger

Fernsehfilm gezeigt, in dem Arminius zu einer lächerlichen Witzfigur und einem nicht mehr zeitgemäßen Fossil degradiert wird. Und im September 2001 wird im Schauspielhaus von Hannover in Kleists »Hermannsschlacht« ein absoluter Anti-Held präsentiert, ein Null-Bock-Prolet, der mit krummem Buckel umherschleicht, seine Thusnelda anbrüllt und sie an den Haaren reißt. Ein abstoßender Klamauk, der – wie Klaus Bemmann in seinem 2002 erschienenen Werk »Arminius und die Deutschen« zu Recht bemerkt – die Frage aufwirft, ob wir Deutschen überhaupt noch bereit sind, unsere Geschichte in ihrer Gesamtheit zu akzeptieren.

Nein, das ist wahrlich kein guter Ausklang für unsere Begegnung mit Arminius und Varus und unsere gemeinsame Zeitreise in die Vergangenheit. Vielleicht sehen Sie das genauso. Auf welch hohem Niveau stehen da doch die im Exil geschriebenen spöttischen Verse Heinrich Heines in seinem »Wintermärchen«. Auch er zieht in einem poetischen Reisebericht besonderer Art über Deutschland und Arminius her, aber mit Geist und Ironie. Dabei ist es bis heute zweifelhaft geblieben, ob Heine wirklich, wie er in der letzten Zeile des »Caput XI« (des 11. Kapitels) behauptet, für die Finanzierung des Hermannsdenkmals gespendet hat. Wie dem auch sei, ich denke, es ist durchaus angebracht und versöhnt uns vielleicht auch wieder ein bisschen mit Arminius und seiner Darstellung, wenn ich Ihnen am Schluss ein paar dieser unverkennbaren Heine-Strophen aus dem »Caput XI« in Erinnerung rufe:

Das ist der Teutoburger Wald,
Den Tacitus beschrieben,
Das ist der klassische Morast,
Wo Varus stecken geblieben.

Hier schlug ihn der Cheruskerfürst,
Der Hermann, der edle Recke;
Die deutsche Nationalität,
Die siegte in diesem Drecke.

Wenn Hermann nicht die Schlacht gewann,
Mit seinen blonden Horden,
So gäb es deutsche Freiheit nicht mehr,
Wir wären römisch geworden!

Gottlob! Der Hermann gewann die Schlacht!
Die Römer wurden vertrieben,
Varus mit seinen Legionen erlag,
Und wir sind Deutsche geblieben!

Wir blieben deutsch, wir sprechen deutsch,
Wie wir es gesprochen haben;
Der Esel heißt Esel, nicht asinus,
Die Schwaben blieben Schwaben.

O Hermann, dir verdanken wir das!
Drum wird dir, wie sich gebühret,
Zu Detmold ein Monument gesetzt;
Hab selber subskribieret.

Zeittafel

47/46 v. Chr.	Quinctilius Varus wird geboren.
um 17 v. Chr.	Arminius wird geboren.
19–7 v. Chr.	Raubzüge germanischer Stämme nach Gallien. Der Statthalter Marcus Lollius wird vernichtend geschlagen. Augustus lässt neue Kastelle am Rhein errichten.
seit 16 v. Chr.	Die Römer versuchen, die Elbe als Grenze zu gewinnen.
12–9 v. Chr.	Drusus besiegt rechtsrheinische germanische Stämme und dringt bis zur Elbe vor.
9 v. Chr.	Drusus stirbt an den Folgen eines Reitunfalls.
um 8 v. Chr.	Arminius wird nach Rom gebracht und hier erzogen.
6–4 v. Chr.	Varus ist Statthalter von Syrien.
4–6 n. Chr.	Arminius dient als Tribun (Stabsoffizier) im Heer des Tiberius und erhält für seine Dienste das römische Bürgerrecht und den Rang eines römischen Ritters.
7 n. Chr.	Arminius kehrt in seine Heimat zurück und organisiert den Widerstand einiger Germanenfürsten gegen Rom.
7–9 n. Chr.	Varus ist Statthalter in Germanien.
9 n. Chr.	In der Schlacht am Teutoburger Wald gehen drei römische Legionen zugrunde. Varus begeht Selbstmord.
14 n. Chr.	Tod des Augustus. Germanicus übernimmt den Oberbefehl am Rhein und beginnt eine neue Offensive. Er dringt bis ins Gebiet der Marser vor und zerstört ihr Tanfana-Heiligtum.
14–37 n. Chr.	Tiberius ist römischer Kaiser.

15 n. Chr.	Germanicus verwüstet das Land der Chatten. Er besichtigt das Varus-Schlachtfeld und lässt die gefallenen Legionäre nachträglich bestatten. Die erste Schlacht gegen Arminius geht unentschieden aus. Arminius belagert die Burg des Segestes, um Thusnelda, dessen Tochter, zu befreien. Die Römer kommen Segestes zur Hilfe. Germanicus nimmt die schwangere Thusnelda gefangen und bringt sie nach Rom.
15–16 n. Chr.	Arminius führt einen erbitterten Kampf gegen Germanicus, der bei Idisiaviso einen Teilsieg erringt. Nach der Schlacht am Angrivarierwall und dem Untergang fast der gesamten Flotte nach einem schweren Sturm in der Nordssee zieht sich Germanicus an den Rhein zurück.
17 n. Chr.	Germanicus wird von Tiberius nach Rom zurückgerufen. Triumphzug durch Rom mit der gefangenen Thusnelda als Siegestrophäe. Die Römer geben den Kampf um die Eroberung Germaniens auf. Der Rhein bleibt Grenze. Entscheidungskampf zwischen Arminius und Marbod um die Führung der germanischen Stämme.
19–21 n. Chr.	Bei den Cheruskern bricht ein Bürgerkrieg aus, weil Arminius die Königswürde anstrebt.
21 n. Chr.	Arminius wird von seinen Verwandten ermordet.

Einige römische Ortsnamen in Germanien und Umland um 9 n. Chr.

Abnoba	Schwarzwald
Ad Confluentes	Koblenz
Albis	Elbe
Aliso	Lager bei Haltern (?)
Amisia	Ems
Antunnacum	Andernach
Aquae Granis	Aachen
Aquae Mattiacae	Wiesbaden
Aquincum	Budapest
Arae Flaviae	Rottweil (Württemberg)
Argentorate	Straßburg
Asciburgium	Asberg (am Rhein)
Augusta Treverorum	Trier
Augusta Vindelicorum	Augsburg
Basilaea	Basel
Bingium	Bingen
Bodobriga	Boppard
Bonna	Bonn
Brigantium	Bregenz
Cambodunum	Kempten
Castra Batava (Vicus Aurelianus, Bojodurum)	Passau
Castra Regina (Ratisbona)	Regensburg
Castra Vetera (Col. Ulpia Traiana)	Xanten
Civitas Aurelia Quensis	Baden-Baden
Clarenna (Canabae)	Stuttgart-Bad Cannstatt
Clunia	Feldkirch
Colonia Claudia (Oppidum Ubiorum Agrippinensis)	Köln
Confluentes	Koblenz
Curia	Chur
Danuvius	Donau
Illyricum	Illyrien (Dalmatien, Bosnien)
Iuvavum	Salzburg
Juliacum	Jülich
Lagona	Lahn
Laureacum (Mosae Traiectus)	Maastricht
Lentia	Linz

Lugdunum	Lyon
Lupia	Lippe
Marcomagus	Marmagen (Rheinland)
Moenus	Main
Moguntiacum (Mogontiacum)	Mainz
Mosa	Maas
Mosella	Mosel
Nicer	Neckar
Novaesium	Neuß
Noviomagus	Neumagen (Mosel), Speyer
Oppidum Ubiorum (Colonia Claudia Agrippinensis)	Köln
Pontus Euxeinos	Schwarzes Meer
Regiomagus	Remagen
Rhenus	Rhein
Salodurum	Solothurn
Saltus Teutoburgensis	Gebirgszüge in Westfalen
Sorbiodurum	Straubing
Tabernae	Rheinzabern (Pfalz)
Tolbiacum	Zülpich (Rheinland)
Traiectus (Rheni)	Utrecht
Turicum	Zürich
Vicus Bituricum	Bitburg
Vicus Porticus	Pforzheim
Vindobona	Wien
Visurgis	Weser
Vitodurum	Winterthur
Vormatia (Borbetomagus)	Worms

Quellen- und Literaturverzeichnis

Gedruckte Quellen und Literatur

Bemmann, Klaus: Arminius und die Deutschen, Essen: Magnus, 2002.

Böckmann, Walter: Als die römischen Adler sanken, Erfurt: Sutton, 2007.

Cassius Dio Cocceianus: Römische Geschichte. Übersetzt von Leonhard Tafel, Bd. 1–16, Stuttgart: J. B. Metzlersche Buchhandlung, 1832–1844.

Clausewitz, Carl von: Vom Kriege, 3. Auflage, München: Ullstein, 2002.

Clunn, Tony: Auf der Suche nach den verlorenen Legionen, 2. Auflage, Bramsche: Rasch, 1998.

Cowley, Robert (Hg.): Was wäre gewesen, wenn?, München: Knaur, 2000.

Delbrück, Hans: Geschichte der Kriegskunst im Rahmen der politischen Geschichte, 4 Bde., Berlin: Walter de Gruyter, 2000 (Nachdruck der Ausgabe von 1900–1920).

Fernau, Joachim: Und sie schämeten sich nicht, München: Goldmann, 1980.

Giannelli, Guilio: Das Heer, das die Welt eroberte, in: Vincenzo Arangio Ruiz (Hg.): Rom und seine große Zeit. Leben und Kultur im antiken Rom, 3. Auflage, Würzburg: Arena, 1972.

Giebel, Marion: Augustus, Reinbek: Rowohlt, 1984.

Heine, Heinrich: Deutschland. Ein Wintermärchen, Frankfurt am Main: Insel, 1983.

Hertslet, William Lewis/Winfried Hofmann: Der Treppenwitz der Weltgeschichte, 7. Auflage, Berlin: Ullstein, 1995.

Köhne, Carl Ernst: Das Testament des Augustus, München: Südwest, 1968.

Losemann, Volker: Varusschlacht und Befreiungstat des Arminius, in: Mamoun Fansa (Hg.): Varusschlacht und Germanenmythos, 3. Auflage, Oldenburg: Isensee, 2001.

Maddoli, Gianfranco: Speisen und Getränke, in: Vincenzo Arangio Ruiz (Hg.): Rom und seine große Zeit. Leben und Kultur im antiken Rom, 3. Auflage, Würzburg: Arena, 1972.

Mommsen, Theodor: Römische Geschichte, München: DTV, 2001.

Nack, Emil: Die Germanen, Wien: Tosa, 2005.

Otto, Hans-Dieter: Lexikon der militärischen Irrtümer, 2. Auflage, München: Herbig, 2007.

Picker, Henry: Hitlers Tischgespräche im Führerhauptquartier. Vollständig überarbeitete und erweiterte Neuausgabe, Stuttgart: Seewald, 1976.

Pörtner, Rudolf: Mit dem Fahrstuhl in die Römerzeit, 8. Auflage, München/Zürich: Droemer Knaur, 1974.

Publius Cornelius Tacitus: Sämtliche Werke, Essen: Magnus, 2004.

Scarre, Chris: Die römischen Kaiser, Düsseldorf: Econ, 1996.
Schlüter, Wolfgang: Kalkriese – Ort der Varusschlacht?, in: Mamoun Fansa (Hg.): Varusschlacht und Germanenmythos, 3. Auflage, Oldenburg: Isensee, 2001.
Stöver, Hans Dieter: Die Akte Varus, 7. Auflage, München: DTV, 2006.
Velleius Paterculus: Römische Geschichte. Deutsch von Franz Eyssenhardt, Berlin: Langenscheidt, 1913.
Viereck, Hans D. L.: Die Römische Flotte, Hamburg: Köhler, 1996.
Völker, Werner: Hermann der Cherusker, München: DTV, 2006.
Whiting, Charles: Die Schlacht um den Ruhrkessel, Wien/München: Molden, 1978.
Zahn, Joachim: Nichts Neues mehr seit Babylon, Hamburg: Hoffmann und Campe, 1979.

Zeitungen, Zeitschriften

Gretzschel, Matthias: Wo die Römer in die Falle gingen, Hamburger Abendblatt, 4. April 2002.
Mikuleit, Hanna Lotte: Varus – Das Museum zur Schlacht, Hamburger Abendblatt, 17. April 2002.

Internet-Quellen

http://ingeb.org/Lieder/alsdiero.html
www.geschichte.uni-osnabrueck.de/projekt/3/3a.hmtl
www.geschichte.uni-osnabrueck.de/projekt/5/5a.html
www.geschichte.uni-osnabrueck.de/projekt/5/5b.html
www.literaturwelt.com/werke/klopstock/hermann.html
www.roman-emperors.org/germanicus.htm (Donna Hurley)
www.uni-giessen.de/arminius2.htl
www.wikipedia.de

Register ausgewählter Personen- und Ortsnamen

Bildnachweis

Die Karten auf S. 41 und 81 entstammen folgender Publikation:
Varusschlacht und Germanenmythos. Eine Vortragsreihe anlässlich der Sonderausstellung Kalkriese – Römer im Osnabrücker Land in Oldenburg 1993. Bearbeitung und Redaktion: Mamoun Fansa, 3. Auflage, Oldenburg: Isensee, 2001, S. 13 (hier S. 81) und 26 (hier S. 41).
S. 15: akg-images; S. 83: akg-images/Museum Kalkriese; S. 129: akg-images/Bildarchiv Monheim.
Umschlagillustration: Nordwestdeutsches Kreisschulmuseum Zetel-Bohlenbergerfeld (H. Knackfuß, Die Schlacht im Teutoburger Wald 9 n. Chr., 1890).
Verlag und Autor danken den Rechteinhabern für die freundliche Genehmigung zum Nachdruck.